博瑞森图书 BRACE

企业阅读 本土实践

珠宝黄金新营销

利润倍增的实战兵法

崔德乾 ◎ 著

Jewelry Marketing

中国青年出版社

律师声明

北京市中友律师事务所李苗苗律师代表中国青年出版社郑重声明：本书由著作权人授权中国青年出版社独家出版发行。未经版权所有人和中国青年出版社书面许可，任何组织机构、个人不得以任何形式擅自复制、改编或传播本书全部或部分内容。凡有侵权行为，必须承担法律责任。中国青年出版社将配合版权执法机关大力打击盗印、盗版等任何形式的侵权行为。敬请广大读者协助举报，对经查实的侵权案件给予举报人重奖。

侵权举报电话

全国"扫黄打非"工作小组办公室　　　　中国青年出版社
010－65233456　65212870　　　　　　010－50856057
http://www.shdf.gov.cn　　　　　　　E-mail: bianwu@cypmedia.com

图书在版编目（CIP）数据

珠宝黄金新营销：利润倍增的实战兵法/崔德乾著．—北京：中国青年出版社，2019.5
ISBN 978－7－5153－5538－2

Ⅰ.①珠… Ⅱ.①崔… Ⅲ.①宝石—销售学 ②金首饰—销售学 Ⅳ.①F768.7

中国版本图书馆 CIP 数据核字（2019）第 052124 号

珠宝黄金新营销：利润倍增的实战兵法

崔德乾 / 著

出版发行：	中国青年出版社
地　　址：	北京市东四十二条 21 号
邮政编码：	100708
责任编辑：	刘稚清
封面制作：	仙　境
印　　刷：	河北宝昌佳彩印刷有限公司
开　　本：	710×1000　1/16
印　　张：	14.75
版　　次：	2019 年 7 月北京第 1 版
印　　次：	2019 年 7 月第 1 次印刷
书　　号：	ISBN 978－7－5153－5538－2
定　　价：	299.00 元

珠宝行业的未来如何演变？品牌、产品、渠道、推广、管理如何演变？如何参与行业产业链的竞争？是发力产品研发链、产品供应链，还是发力顾客关系链？这是珠宝企业家关心的焦点。

珠宝新品牌的市场机会在哪里？区域品牌如何破局市场？老品牌如何年轻化、时尚化？是侧重品牌管理还是价值链管理？这是品牌商关注的问题。

如何解决珠宝店铺的流量问题？如何提升销售额？如何提升利润？是转型新零售还是提升服务力，是互联网+还是+互联网？这是零售终端关注的问题。

珠宝营销渠道如何发力？培训如何推进？如何应对激烈的竞争？新员工如何管理？抖音如何玩？直播店开还是不开？这是运营者关心的焦点。

你所关心的，就是笔者研究实践的。从2013年开始，笔者将自己关于新营销的思考在珠宝行业积极身体力行，取得了明显的效果。在很多同行的建议下，笔者将自己5年多有关新营销的思考和亲自操盘的案例整理出来，就有了这本书的问世。

这是一本新营销在珠宝行业实战应用的图书，涉及珠宝行业运营的方方面面，营销、品牌、产品、连接、场景、社群、零售、服务、传播、管理及产业价值链。这里有珠宝行业最新实战案例复盘解读、有新营销理论普及，有行业未来的深度思考，也有新营销的操作细节。适合珠宝行业企业家，品牌、运营、营销岗位的高级管理人员及中层管理干部，如店长、业务经理阅读。

为了便于理解，本书遵循"提出问题、解决问题、分析问题"的规律。"提出问题"是发掘问题，探讨珠宝行业在运营中的共性问题，侧重于"是什么"；"解决问题"是案例分析，解读行业优秀品牌和笔者亲自操作的最新案例，侧重于"怎么干"；"分析问题"是逻辑解读，告诉读者"这样做才能赢"的道理，侧重于"为什么"。

建议珠宝行业企业家和从事品牌、营销、管理工作的高管，认真阅读、学习本书中的新理论，不但"知其然"，还要"知其所以然"，可以参考理论去不断创新，为珠宝行业的新营销实践贡献更多的实战案例。如果是行业基层的管理和运营者，如店长、经理、柜组长、业务员，理论部分可以忽略。

珠宝新营销，到底怎么玩

（1）

珠宝行业怎么样？竞争态势如何？未来趋势如何？新营销、新零售、大数据、云计算对珠宝行业有哪些影响，催生了哪些变革？这是最近几年，很多投行高管和珠宝同行与我探讨最多的问题。

一方面，珠宝行业蓬勃发展，2017年市场容量突破了6000亿元，超越了白酒行业，还将持续增长，潜力无限；K金、3D硬金、珠宝等高毛利产品旺销，占比也越来越高，利润可观。这是行业达成共识的认知。

另一方面，珠宝店渠道分散，客流被稀释；品牌和产品同质化严重，价格战此起彼伏，行业开始洗牌，马太效应（强者更强、弱者更弱）出现。传统的营销、传播、品牌、管理手段效果大打折扣。

珠宝品牌也在慌乱中加速数据化布局，进军电商，开发小程序、App，试水新渠道、新营销、新零售，借助移动端的CRM系统，强化对会员消费数据的沉淀与挖掘。

分销商也在靠渠道驱动，跑马圈地，发展更多的加盟店，代理更多的品牌，以积累对抗品牌的资本。

终端门店开始玩微信、玩抖音，尝试异业联盟、跨界经营，积极探索新营销、新零售。

珠宝微商、钻戒定制工作室、直播店新业态不断出现，梦工场、星设汇、翠花等共创共享平台和微商业组织大行其道。阿米巴经营、品牌小组、员工创客体系也在颠覆原来的组织架构和管理模式。

珠宝行业已经被裹挟到变革的大潮中。这个变革是局部改良还是颠覆式革命？这是行业的拷问，也是我5年多的思考。

我认为，在这个技术驱动的时代，消费习惯、交易方式、营销模式发生了深刻的变革，不但颠覆了原来的商业模式、组织架构和管理方式，也重构了商业活动的"人、货、场"。作为新商业时代的有效抓手，珠宝新营销应运而生。

（2）

我2003年进入珠宝行业，一直在珠宝企业担任高管，也给很多珠宝品牌提供战略咨询服务。2013年下半年，珠宝行业突然变冷，行业拐点出现。我敏锐地发现：经济发展和技术的快速迭代，让消费者的主体结构、消费习惯发生了变化。这个变化就是商业主权时代进入消费者主权时代！

在消费者主权时代，商业的逻辑不再是"产品经营"，而是"用户关系经营"。这是用户思维，从产品到价格、从渠道到推广、从服务到管理，都要"以人为本"。与此相适应的，只有珠宝新营销理论。

珠宝新营销是相对于传统营销而言的，其运营的底层逻辑是用户思维。它是对"产品、价格、渠道、推广"四要素的颠覆和重构，是基于对"新生代、新中产"主流消费群体的深刻研究与洞察，以场景体验和价值贡献为连接器，连接并强化用户对产品和品牌价值的深刻体验，建立目标用户对品牌的强信任关系，让产品畅销、长销的一套完整体系。

珠宝新营销不是对营销、传播和管理方式的修补，而是颠覆。从生产制造到品牌创建，从渠道管理到终端零售，再到会员管理、员工管理和产业链管理，一切都要重构。本书以逻辑推理，演绎新营销发生的背景与未来趋势；以案例复盘形式，解读行业应对的实战策略，普及新营销理论；从社群、场景、流量的工具矩阵到战略与战术的方法论，深挖珠宝行业"新营销、新品牌、新产品、新零售、新连接、新场景、新服务、新传播、新管理"九个内容。

我觉得：新营销是珠宝行业在智能互联时代竞争的有效抓手。能给中国珠宝行业企业家一个窥探行业演变趋势的洞察窗口，给高管决胜千里之外的新营销战略方法论，给中基层管理干部新颖实效的案例和工具。本书围绕上述行业最关注的问题，以大量的实战案例来回答这些问题。这些实战案例的背后是新营销逻辑。

(3)

特别感谢星光珠宝集团董事长周天杰先生和富豪珠宝董事长李付之先生给我一个宽松的践行环境，让我的社群营销新理论得以在不同规模的店铺和品牌中去探索实践、开花结果。星光珠宝和富豪珠宝旗下的店铺及品牌成为珠宝新营销玩法的试验田，这些支持让我感激不尽。

也感谢周大福、周大生、爱迪尔、六福、莱绅通灵、I DO、明牌珠宝、老凤祥、嘉华、普林尼珠宝等一大批行业优秀品牌，它们的实践为我提供了丰富的素材和观察研究的样本。

更要感谢博瑞森图书的张本心老师和马优老师，在本书的编辑和出版过程中给予了鼎力支持和悉心指导！

我相信，混搭、跨界、共享、试错将是未来商业的主旋律，大家都在不确定性中寻找确定性。经过这些探索，珠宝行业未来也越来越清晰，那就是线上线下渠道协同、服务协同、管理协同，借助智能设备和云计算为运营赋能，品牌、生产、分销、零售、消费者五方在悄悄构建"供需一体化"的新商业关系。这是珠宝新营销的最终和最完美的结果。

是以为序。

崔德乾
2018年10月26日于合肥滨湖

目录

导读 / I

前言 / III

第一章　新营销

一、珠宝营销为什么会失灵 / 003

二、珠宝营销的进化 / 007

三、珠宝行业如何践行社群营销 / 012

四、社群营销的用户思维 / 016

五、案例解读："520"的新营销操作 / 020

第二章　新品牌

一、再不进化就会被年轻人抛弃 / 029

二、品牌年轻化的秘籍 / 031

三、新品牌的机会与威胁 / 038

四、新品牌市场突围的四大尖刀 / 040

五、品牌逆袭：产品思考，品牌表达 / 045

第三章　新产品

一、你的产品会替消费者表达吗 / 053

二、如何打造超级IP / 055

三、产品溢价：从成本价格到场景价格 / 062

四、设计师进化：独立设计师与产品经理 / 065

第四章 新零售

一、消费升级与珠宝消费新趋势 / 071

二、珠宝新零售的特征与未来趋势 / 074

三、珠宝新零售落地的三个关键 / 078

四、如何打造珠宝智能门店 / 080

五、案例解读：周大福都这样卖货了，你要不要试一试 / 085

第五章 新传播

一、新传播特性 / 093

二、珠宝行业玩不玩抖音？如何玩 / 095

三、珠宝行业广告投放的三个趋势 / 103

四、新时代的4C传播法则 / 106

五、案例解读：一场大雪引发的"珠宝大案" / 111

第六章 新场景

一、场景，在珠宝行业无处不在 / 119

二、珠宝人，你会场景营销吗 / 128

三、如何抢占用户的时间 / 137

四、案例解读："38女王节"场景营销盘点 / 140

第七章 新连接

一、珠宝终端，邀客为什么那么难 / 147

二、精准聚客的秘密与销售转化的逻辑 / 149

三、吸引新顾客购买的连接器（上）/ 153

四、吸引新顾客购买的连接器（下）/ 159

五、吸引老顾客购买的连接器（上）/ 162

六、吸引老顾客购买的连接器（下）/ 166

第八章　新服务

一、大客户漂移，你如何锁定大客户 / 173

二、三大策略，让珠宝店铺客流翻番 / 178

三、珠宝店铺如何做好会员生日尊享会 / 184

四、别用免费服务把顾客惯坏了 / 188

第九章　新管理

一、品牌管理，你给加盟商什么支持 / 197

二、从品牌管理到产业链管理 / 201

三、用量子管理为员工赋能 / 204

四、案例分析：小米科技全产业价值链的组建与管理 / 207

五、案例分析：海底捞顾客关系链＋产品供应链管理 / 210

六、案例分析：孩子王如何借助顾客关系链深化顾客关系 / 214

第一章

新营销

一、珠宝营销为什么会失灵

珠宝行业的营销现在遇到了瓶颈,这个瓶颈就是营销失灵。从品牌同质化到产品同质化,再到营销同质化;从广告战到价格战,再到换新免工费战,费用增加了,效果却不好。接下来营销如何玩?深深困扰着珠宝行业。

(一)珠宝营销存在的四大困惑

第一,营销方案黔驴技穷。基本是"优惠、打折、抽奖、以旧换新",终端营销招数老四样;新款发布、会员品鉴、影视植入、加大培训力度,品牌营销四处出击,成效却不显著。

不仅如此,竞争对手跟进得很快。你用 Love,我也用;你用埃菲尔铁塔,我也用;你开发多面切工,我也搞多面切工;你刚搞了一个优惠方案,我马上跟进,力度比你的还大。是继续跟进还是放弃?跟进没利润,放弃没顾客。

一到节假日,营销人员就发怵:方案怎么才能吸引人?竞争对手会不会跟进?老板发飙:除了打折优惠,能不能搞点新花样?力度这么大,还不亏死?

结果是:老板与员工都累,无奈无招。

第二，广告的无力感。新媒体、传统媒体都做了，效果不好。 户外、框架、传单、墙体广告等传统媒体投了不少钱，也组建了新团队搞微信公众号、朋友圈发广告、将老顾客圈在一个群里面，收效甚微。

结果是：你不投入，竞争对手在投入，你投入好像没太大效果。知道有一大半的广告浪费了，但哪一部分浪费了？深度迷惑中！

第三，市场竞争加剧，珠宝店越来越多，品牌和加盟商的业绩压力越来越大。 一个乡镇有十几家珠宝店铺，一个县城有20~30家珠宝店铺，给大家的感觉是珠宝店比米店都多。

更令终端老板头疼的是，只能卖5000万元的货，品牌方已经压了7000万元的货。怎么办？只有以旧换新、免工费，甚至不限克重。只为冲业绩，如果业绩不达标，加盟权可能被收走。

比如在一个县城，你是区域代理，加盟的品牌已经开了3~5家店，但品牌业务经理说市场有潜力，还要再开一家店。你如果不开，会有其他加盟商来开，开了估计不赚钱，不开就增加新的竞争对手，怎么办？

结果是：厂商博弈加剧，小矛盾逐渐浮出水面。加盟商从言听计从变为默默反抗。

第四，消费者越来越挑剔，而且部分消费者玩起了"消费漂移"。

先看挑剔： 消费者不是挑剔品牌，就是挑剔价格；不是挑剔款式，就是挑剔服务。更是挑剔你的态度，稍微不满或者觉得被欺骗了，就要用微信曝光你，甚至拉条幅要说法。

再看漂移： 店铺越来越多，品牌越来越多，购物中心也越来越多，再加上天猫、京东等电商渠道，消费者买产品就会漂移。

一是区域漂移。比如乡镇的消费者会漂移到县城消费，县城的消费者会漂移到地级市或省会城市消费；二是空间漂移。在一个区域内，有体验业态的（影院、餐饮、娱乐等）购物中心或百货商场，节假日的客流越来越大，而单一品牌专卖店的聚客能力在下降。

2017年圣诞节，很多县城里的珠宝店感受到了消费者漂移带来的客流锐减。

结果是：获客的难度越来越大，营销成本不断加大，消费者的忠诚度

严重下降。

(二) 营销失灵的根源：离消费者太远

对于消费者主权时代、智能共享时代的到来，珠宝行业认识不够，制造商、分销商、品牌商及终端代理商的运营思维还停留在工业化时代、深度分销时代，形成"离消费者越来越远"的局面。这是行业的痛点和营销失灵的根源。

(1) 生产企业的痛点：开发效益低，生产成本高。

生产企业讲究的是生产效率，越是标准化的产品越好规模化生产，成本也越低。而现在是个性化时代，产品创意和生产线要支持个性化制造作业平台。

目前，珠宝生产企业的设计师离消费者太远，只接触委托商，要么根据委托商的设计来加工制造，要么自己开发一些新款供大家选择。因为离消费者太远，很多设计不接地气，订单很少，加工好的成品还要重新拆改、熔化，造成了很大的成本负担；如果没有新款开发，订单会更少。珠宝生产企业进退两难：开发新款成本太高，不开发新款订单减少。

百泰首饰，"中国黄金制造第一家"，是30000多家零售商和400多家品牌商的主要供应商，一年几百亿元的加工额，效益几何？百泰发力点是新工艺，每年也推了不少新款，消费者认可的有多少？为什么连自己的品牌百泰在终端也是不温不火？

星光达、仙路都是行业排名前列的生产企业，但都离消费者太远，都有不同程度的"开发效益低，生产成本高"的困扰。

(2) 批发企业的痛点：重金作嫁衣，吃力不讨好。

在珠宝行业，以批发业务为主的粤豪，在研发方面下的功夫不小，从人才到资金，投入很大。寄希望于各零售商和品牌商多拿货多卖货，从"未来"系列到"QQ表情"系列，研发与推广花费不小，可谓为品牌作嫁衣不惜重金，但市场反应如何？很多新款是设计师表达，而非替消费者表达，结果吃力不讨好。主要是对消费者不熟悉，缺乏场景感和仪式感。

(3) 分销企业痛点：加盟拓展一片火红，零售业绩提升太难。

很多品牌商主要做深度分销，没有自己开店，导致他们对加盟商很熟悉，对消费者不熟悉。换句话说，品牌离加盟商很近，成为加盟商的好伙伴、好导师；但是由于以分销为主，自己没有开零售店铺，全部靠加盟商开店，结果也是离消费者太远，在终端与其他品牌争夺消费者的竞争中很吃力。

（4）品牌企业的痛点：在品牌形象和品牌业绩的冲突中煎熬。

以周大福、老凤祥为主的品牌企业，在全国有几千家终端，有直营的、有加盟的。随着竞争加剧和终端的价格肉搏战，这些品牌也间接加入价格战。比如购物中心会拿这些品牌打价格战，超低的价格损失由终端自己贴补，从表面上看，品牌业绩没有影响，但过频的价格战直接损坏了品牌形象。

在品牌理论中，有一个价格恒定原则，价格不恒定的品牌不算高端品牌。消费升级背景下，全国性的品牌参与价格战不要太频繁，应该玩"价格恒定"，这就是幕后原因。

（5）资本企业的痛点：传播而无交互，金钱没换来认知。

行业内一些上市公司，如金一文化借助央视每年投入4亿多元的广告费，想一举砸出一个"国民品牌"认知，结果如何？

毕竟时代不一样了，以前是大众传播，讲究的是"播"，播出的平台越大，效果越好。现在是小众传播，讲究的是"传"，内容越交互，效果越好。

（6）零售企业的痛点：关注消费者的老板不接触消费者，接触消费者的员工关注的却是老板。

按说零售企业最接近消费者，但事实是老板比较关注消费者，但离消费者很远；员工离消费者最近，却将重心放在了关注老板上。

珠宝行业很多老板从业10年、20年，原来自己管店的时候，亲力亲为，比较了解消费者，因而获得了成功。现在代理好几个品牌，开了好多家店铺，基本上不再抓门店的具体运营，如进货、门店管理、会员管理，所以离消费者很远。

店长、柜组长、一线导购员离消费者最近，但他们最关注的是老板的喜怒哀乐，因为老板决定了他们的升迁和待遇，不敢轻易做决定，什么事都听老板的指令。关键是时代剧变，消费者更是变化良多。一个对消费者感知很差的老板处处做决定，终端的管理和竞争可想而知。这就是为什么新员工流失率居高不下，而价格战此起彼伏的幕后道理。

二、珠宝营销的进化

（一）从 4P、4C 到社群营销

在经典营销理论中，营销有四个要素，分别是产品（Product）、价格（Price）、渠道（Place）和推广（Promotion），这也是经典营销 4P 理论的来源。后来营销理论进化到 4C 理论，即消费者（Consumer）、成本（Cost）、便利（Convenience）和沟通（Communication）。如今，营销理论已经进化，我把它命名为 AF（社群营销）。

新营销＝社群营销，英语简称 AF（Association Fans or Association Friends）。

社群营销就是借助社群工具把用户大规模地组织起来，线上线下不断地为用户做贡献，要么把用户培养成朋友，要么把用户培养成粉丝，培养用户对品牌的忠诚度，构建供需一体化的产业价值链，奠定长期交易的基础。

社群营销的职能：让品牌和用户之间由弱关系变成强信任关系，构建持续交易的基础，提高品牌忠诚度和复购率。

如何构建信任关系？

品牌要让用户来膜拜你。——粉丝关系

品牌要么值得高度信任，让用户来支持你。——朋友关系

（二）珠宝营销四要素的进化

在社群营销理论中，产品、价格、渠道和推广四个要素分别进化为体验、场景、连接和价值贡献。

体验是产品的逻辑，场景是价格的逻辑，连接是渠道的逻辑，价值是推广的逻辑。

（1）产品：要提供"愉悦体验、个性化"的产品；让产品替消费者表达。

潘多拉手链，每一颗串珠就是一个场景、一个故事、一个寓意，不同的消费者有不同的选择，然后再穿起来就变成自己喜欢的个性化手链。

Beloves 就是个性化场景定制的珠宝品牌，它根据顾客需求，将顾客值得纪念的场景符号和情感表达，比如相识、相恋或者特殊的物品、寓意符号设计在产品上，以纪念某种场景或情愫。所以，每一款产品都独一无二，个性化十足。

周大福的福星宝宝系列产品，周生生的大明咒、星座系列产品，以及明牌珠宝的锦衣玉食系列硬金产品，包括卡地亚的 LOVE 手镯、蒂芙尼的太阳花钥匙系列产品、莱绅通灵的王后系列产品、博物馆系列产品，都是替消费者表达。这个表达或是祝福，或是期望，或是身份、情感、品位的体现。

（2）价格：产品开发时要考虑消费者的购买场景、使用场景、工作场景和生活场景，给予用户独特的体验。

你的产品不仅可以实现场景价格，还可以快速占领终端、占领消费者的心智。

嘉华珠宝在短短的 2 年时间内，就有 2000 多家终端加盟，就是因为嘉华专注于"婚爱"这个场景，产品开发围绕新人"婚前、热恋、结婚、婚后"多个场景，分别开发出"心花漾、中国新娘、中国喜金、幸福如意"系列产品，并以证婚、送喜官、明星真会游等活动，给予用户独特的体验。

DR 戴瑞珠宝和世纪缘旗下的 MLE 超级钻戒，品牌主张不管是"男士一生仅能定制一枚"还是"一生只送一人"，产品都是自带真爱承诺的场景，快速占领了零售终端。

（3）渠道：要全方位全渠道连接用户，这里不是指分销渠道，而是指"连接渠道"。

连接要有连接器，这个连接器可以是广告、可以是智能终端（颜值打分器)、可以是虚拟社群(嘉华珠宝开发的姻缘簿 App)、可以是实体空间(会员服务中心),也可以是好玩的体验活动(男人的分娩疼痛体验挑战赛)。总之,在接触用户的每一个关键点上都要去连接用户,连接后去互动、去服务。

(4)推广:要利用 IT 技术或实体店将用户组织起来,形成不同的社群,企业在社群里面不断做价值贡献。

要么把用户培养成粉丝,要么把用户培养成朋友。让品牌和用户之间由弱关系变成强信任关系,构建持续交易的基础。这样可以有效防止用户消费漂移,提高品牌忠诚度和复购率(多次重复)。

营销要素区别如表 1-1 所示。

表 1-1 营销要素区别

区别	4P	4C	AF(社群)
产品	我能生产的产品	消费者需要的产品	愉悦的体验,个性表达的产品
价格	价格(成本+毛利)	消费者愿意支付的心理成本	场景价格(相对价格+绝对价格)
渠道	渠道(分销)	消费者购买的便利性	连接(社群+超级连接器)
推广	促销	忘掉促销,与消费者沟通	价值(服务贡献)
抓手	渠道、价格	价格、便利性	连接器、价值贡献

(三)珠宝"营销抓手"的变化

营销的有效性,来自营销抓手的有效性。过去经常使用的"价格"和"便利"抓手,效果大不如前。

1. 传统营销的"价格抓手"和"便利抓手":

直接价格的玩法:

黄金每克 198 元(满×克方可享受);玉器 3 折(打折先提价);满

1000元减200元（变相折扣）；珠宝代金券，100元当成500元花（先减标签价格）；或者抄底价、工厂价、跳楼价、年终零利风暴、零工费换新款……

间接价格的玩法：

VIP尊享会（×小时特惠酬宾）、买克拉钻送苹果手机（32G或64G容量的低价机）、买珠宝送电瓶车（满3000元送价值2000元的电瓶车，电瓶车的采买成本为600元）、买黄金送白银（买1克黄金送1克白银）、买钻石送黄金（满3000元送1克黄金）、车票当钱花……

眼花缭乱的价格玩法：

999成本价销售（278元/克：货是诱饵，少且难看）；

9999工艺价+寓意价（368元/克：货多款新，销售转化）；

99999纯度价+工艺价（398元/克：货品适量，抓利润）；

呼朋唤友来砍价（原价699元，邀请朋友帮砍价，最低99元拿）。

"便利"营销抓手的玩法：

你坐车我买票，或者管吃管喝报车票。实质是变相的价格玩法，是消费者购物后才可以享受。价值太小，吸引力不大。

开发微信微商城或者App，开发微信服务号和订阅号，给消费者提供在线购买和咨询服务。

2. 社群营销的抓手："连接器"和"价值贡献"

价值活动——连接器：

母亲节：遇见**20年后的母亲**（给母亲化妆，让儿女与化妆后年老20岁的母亲见面）。

520：男人的分娩阵痛体验（让男人体验老婆分娩的痛苦，为老婆赢取真爱代金券）。

圣诞节：圣诞老人到你家（征集圣诞老人，全城派发圣诞礼品和圣诞代金券）。

情人节：霸屏求婚、浪漫气球雨（为购买钻戒的新人，在店铺策划一场浪漫的求婚告白盛典）。

场地——连接器：

美甲区、求婚区、免费茶水吧、儿童小剧场或淘气堡游乐场。

娱乐活动——连接器：

COSPLAY装扮巡游、掼蛋比赛、王者荣耀比赛。

服务贡献——连接器：

服务进社区、插花、亲子、风筝彩绘、葡萄采摘、VIP观影、手工蛋糕赛、彩陶、DIY手工。

专业体验活动——连接器：

克拉恋人：邀约男士在特别的日子里，亲手给爱人做一枚克拉钻，增加夫妻情感交流和社交话题。

我是小银匠：锻炼儿童的手工制作能力，母子、母女合力打造银锁片。

坠爱祈福：为母亲编织一件玉石吊坠，把祈福愿望编进首饰中。

上述传统营销的价格玩法被玩烂了，你出第一招，消费者就知道第二招，效果越来越不好。关键是传统营销还是产品连接，让消费者产生了警惕，信任感越来越低。这是传统营销价格抓手失效的背后逻辑。

在传统营销体系下，你的App、微信服务号或订阅号虽然提供了便利，但是这个便利还是基于"产品销售"，而非超越期望的价值贡献。客户与你是购物的弱关系连接，不是粉丝也不是朋友，再加上珠宝消费频点比较低，客户平时很少到你的终端店铺，更不要说下载你的App，或者在微商城上购物。即使关注了你的微信公众号，你总是发产品促销信息，成为变相的骚扰，消费者不得不取消关注。

传统营销体系下的便利抓手，对消费者而言也没有太大的价值。便利抓手缺乏有效性是必然结果。

上述例子中社群营销的"连接器和价值贡献"抓手，好像多数是不务正业，跟销售没有关系，跟行业没有关系。但它是用户思维，走进了消费者的生活方式，为消费者提供更多的精神享受，都是价值贡献、情感连接，培养的是对品牌和企业的强信任关系。

就是看你的会员、消费者喜欢什么、需要什么，我傻傻地为你做贡献，是和消费者比傻；再看看传统营销，是套路、算计，是和消费者比聪明。

社群营销除了产品连接，还搞服务连接、情感连接；传统营销就是单

一的销售连接。前者是强关系，后者是弱关系。

难道社群营销不做销售吗？做！背后的逻辑是：当你或你的亲友需要买珠宝的时候，你就会来找我（毕竟珠宝不是天天买）而不是找别家，因为我绝对值得信赖。

三、珠宝行业如何践行社群营销

每个时代都有与之相适应的营销理论。社群营销就是消费者主权时代和智能互联时代的营销圣经，它的操作系统和组织架构发生了翻天覆地的变化，就是从组织架构到操作手段要重新解构、重组。每个经营单位和个人都要发育营销职能，即营造用户对品牌的信任。

社群营销的底层逻辑是用户思维，在商业的操作上就是重构"人、货、场"。操作的顺序就是：场（把用户组织起来）、人（不遗余力地为用户做服务、贡献）、货（用户需要什么就提供什么）。

（一）首先构建社群

依靠IT技术把消费者或相关利益者组织起来，形成一个"社交与商务一体化"的社群。社群就是"场"，也是一个沟通和社交平台，大家共创共享。

灵云翡翠的"翠花"App、周大福的"陈列师互动平台"、普林尼钻石的"百业联盟"、梦工场的"公益星设计和新款发布厅"、爱迪尔的"百万钻石俱乐部"、星光珠宝的"星尚会"、金鑫珠宝的"抱团岛"，都是社群、都是场。这个场就是将相关利益者或消费者组织在一起。

注：社群是指按照"同好、同业、同事、同学、同乡"等不同属性借助IT技术建立的虚拟化的组织（比如App、微信社群、BBS等），也可以是生态链条上的实体企业或企业的经营场所。这里特指虚拟社群。

百泰、星光达、意大隆等生产企业可以组建产品研发链这个社群，深圳梦工场的公益星设计联盟就是产品研发链社群；上海的星设汇就是产品研发链平台，将独立的珠宝设计师整合起来。如图1-1所示。

图1-1 上海星设汇将独立设计师整合在一起

宝怡、粤豪、华昌等企业可以组建产品供应链这个社群,爱迪尔钻石联盟和百万钻石俱乐部就是产品供应链社群。

菜百、金鑫、银星金店、星光珠宝等零售企业可以组建顾客关系链这个社群,星光珠宝的"星尚会员俱乐部"就是顾客关系链社群。

当然,像周大福、周生生、六福、老凤祥、老庙、明牌珠宝、周大生、中国黄金这些企业也完全可以把产品研发链、产品供应链和顾客关系链一起组建,或者侧重于某个点来突破。

(二)在社群内做贡献,共创共享

(1)贡献要以人(用户)为本,这是用户思维。

在这个社群内,品牌和用户坦诚相待,即时互动响应并服务。品牌走进消费者或相关利益者的生活和工作,发现他们的痛点,用创新的服务解决这些痛点,不断为消费者或相关利益者做贡献(创造价值),从而赢得消费者或相关利益者的信任。

比如爱迪尔的百万钻石俱乐部就经常组织会员到全国优秀的零售企业考察交流,并协助会员开展钻石营销活动,提高会员单位的钻石销售业绩；梦工厂的公益星设计也是利用明星和设计师资源，一起开发新款产品，为批发企业和零售企业的产品赋能。

因为信任，用户的品牌忠诚度特别高，他们建言献策，积极用行动（主要是消费和传播）推动品牌的创新与发展，从而实现"购（消费者）销（品牌与分销体系）一体化"的战略依存关系。

（2）社群结果：形成产业价值链。

因为"购销一体化"的战略关系，就在行业内形成了一条共创共享的产业价值链。在这条价值链内部，各相关利益者形成了强信任关系，产品就畅销和长销，实现商业变现。

波特说："未来的竞争就是不同价值链条的竞争。"

因"购销一体化"形成的产业链条，品牌粉丝越来越多，忠诚度越来越高，分销和终端销售不但变得非常简单，而且因为消费者或相关利益者的参与，品牌的创新和服务就会领先于行业，实现销售的畅销和长销。

（3）社群营销就是先圈人后变现。

社群的目的就是先圈人，也是圈层营销的基础；新技术是圈人的工具，新服务是圈人的手段。把人圈起来后，以享受的名义，为用户提供超预期的价值贡献，从而圈粉。未来的经济是粉丝经济，有了粉丝支持，就实现了商业变现，从而实现圈钱的目的。

你到底是"技术扎根"把产品做好，把用户培养成粉丝；还是"市场扎根"把用户服务好，培养成朋友；抑或像小米一样，既"前向一体化"，又"后向一体化"，都离不开社群营销。社群营销是未来的趋势。

（三）社群营销策划的五个要素

把用户组织起来只是基础，组织起来的目的是做价值贡献，价值贡献需要活动策划。所以，社群营销操作的第二个重要环节就是活动策划。一般来说，社群营销策划有五个要素：场景感、仪式感、代入感、时代感和荣耀感。

浓缩一句话：以用户为中心、以体验为核心，制造场景，让消费者体验仪式感、代入感、时代感和荣耀感。

1. 场景感

"场"是场合,"景"是情景,"感"是感觉。**"场景感"就是指在某个特定的场合,某种情景给你带来的感受。**比如情侣在珠宝店的浪漫求婚表白、在新婚典礼上的谢亲恩,为会员举办儿童抓周活动、我是小银匠活动等都是特定的场景,给予参与者和围观者的感受是不一样的。也就是说,在销售或服务上洞察场景、设置场景,让消费者体验仪式感、时代感、代入感、荣耀感。

2. 仪式感

这个好理解,就是设置特别的流程、举行仪式,彰显事情的重要性。比如成人礼、MLE 的真爱誓言与证书、嘉华珠宝的拜月老求姻缘、通灵的 VIP 柏林红毯之旅、星光珠宝的贵宾生日尊享会、儿童抓周都是仪式感的活动。

3. 代入感

就是参与者完全沉浸在某个场景中,这个场景引发了他的情绪共鸣,让他进入角色。比如我策划的"老公老公疼疼你""遇见 20 年后的妈妈",以及潘多拉的 VR 场景体验"陈柏霖向我表白了""克拉恋人(亲手为爱人镶嵌一枚克拉钻)""为女王点赞",都是代入感比较强的案例。

4. 时代感

就是要借助与时代相关的道具或活动。比如潘多拉策划的"陈柏霖向我表白了"借用了 VR 技术,就很有时代感。通灵珠宝的钻石雨活动,就借助了无人机这个时代道具。

店铺策划"王者荣耀"、COSPLAY,就是具有时代感的活动。比如智能门店扫码寻宝、颜值测试——颜值不可辜负(你的颜值就是优惠特权)。

5. 荣耀感

是指给客户荣耀感的体验,比如 VIP 闭店尊享会、私享会,明星见面会等。比如我策划的为女王点赞、通灵的米其林五星大厨下午茶体验、汉堡王的红毯点餐、周大福的帅哥送玫瑰花、VIP 的非洲探索之旅等。

四、社群营销的用户思维

我一直强调，社群营销的逻辑是用户思维。

所谓用户思维，就是考虑用户的关注点和兴趣点、痛点和利益点，不管是产品开发、价格设置，还是品牌传播和促销推广，都要考虑这些要素。

用户思维有两个特点：一是善于利用新技术，用户思维需要新技术的支撑；二是开发新服务，新服务是用户思维的具体体现。

（一）新技术是用户思维的支撑

为什么Facebook、亚马逊、谷歌、阿里巴巴厉害？因为它们不仅仅是商业模式好，更重要的是它们不断开发利用互联网和智能化的新技术。阿里巴巴参谋长曾鸣说："阿里巴巴其实是一家技术驱动的公司。"

珠宝新营销的底层逻辑是用户思维，具体操作要善于利用新技术。

社群、小程序、直播、微信、"智能设备"、互联网都是新技术。珠宝新营销就是新在对技术的利用上。当然，这个利用是为消费者提供价值，而非骚扰。

比如微信上的社群，你可以把用户组织起来做贡献，而非仅仅发广告。这个贡献就是为用户提供他们希望的，或者最近需要的价值贡献（而不是你理解的价值，很多品牌理解的价值就是产品），而不是天天发产品广告、促销广告及专业知识。广告也好，专业知识也好，对于有需求的人来说是价值，对于没有需求的人来说就是骚扰。

（二）新服务是用户思维的具体体现

我们利用新技术、"新连接器"将大家连接起来干什么？价值贡献，给用户提供价值，与销售没有必然关联。新服务就是价值贡献的具体内容。

新服务的内核是：别考虑如何把货卖出去，只考虑如何把消费者服务好！

对，新服务除了与产品相关的内容外，还要有其他增值服务。这些服务就是不务正业，提供的是情感连接，而非产品连接。就是看你的会员、消费者喜欢什么、需要什么，我傻傻地为你做贡献，是和消费者比傻！

背后的逻辑是：当你或你的亲友需要购物的时候，你就会来找我，而不是找别家，因为我绝对值得信赖。

（三）"砍价营销"：用户思维的局部应用

最近两年，在全国的珠宝零售终端，悄然刮起一股"砍价营销"的旋风。很多人在我的微信公众号后台留言：崔老师，对手活动搞得轰轰烈烈，我们跟还是不跟？如何跟？

其实，"砍价营销"是用户思维的局部应用。有优点，也有很多缺点。现在，我们就具体分析一下"砍价营销"的利弊。

我们先来看看珠宝圈"砍价营销"的流程和套路。

1. "呼朋唤友来砍价"的营销玩法介绍

（1）借助第三方砍价小程序——这是新技术的应用。

（2）砍价流程：

我要报名（填姓名和手机号码）。

找人帮忙砍价（发群好友、朋友圈、复制链接）。

达到一定人数即砍到底价。

支付、到店领取商品。

（3）用来砍价的商品：

最流行砍价商品是什么？3D硬金产品（黄金貔貅、戒指、吊坠，或利用黄金貔貅串起来的手链）、玉髓、黑曜石挂件等。

以黄金貔貅商品为例，商家说明如下：

商品：黄金貔貅

品牌：××××

材质：999黄金

工艺：3D硬金

尺寸：约10毫米×5毫米

重量：一口价商品

原价：399元

底价：199元

备注：因物料差异，请以实物为准。

2."砍价营销"好不好？好在哪里

不得不说，这是一个很棒的营销裂变活动，吸引了很多潜在用户参与。图1-2是店铺微信砍价截图，访问量达31万人次，每件商品都有不少人砍到了底价。

图1-2　店铺微信砍价截图

砍价是用户思维（考虑用户的痛点和利益点），也是场景思维（砍价是最常见的消费场景）。"呼朋唤友"则是"社群连接器思维"。

这个营销活动的抓手很多，既有传统营销的"价格抓手"，也有社群新营销的"连接器"这个抓手，更符合社群新营销体验感、参与感、荣耀感的策划要素，具备社群传播的互动性、娱乐性的特点。同时利用朋友圈的"情谊"社交货币，让朋友自觉帮助参与和传播，实现了活动的裂变传播，促进了指定产品的旺销。

首先，砍对了方向，巧妙地利用了人性。它利用人性中"喜欢占便宜"的心理，调动了很多人参与，不仅给门店带来了客流，还实现了吸粉、品牌传播、销售三个目标，可谓一箭三雕。

其次，它砍对了策略，巧妙利用社群这个工具。砍价活动就是让利消费者，策略得当。而砍价营销本身就具备娱乐性，参与者会利用微信这个社交工具与朋友互相交流、帮忙、探讨，实现了良好的病毒式传播。

3. 这个活动有没有问题呢？有

第一，它砍伤了参与者对店铺或品牌的信任。问题出现在商品的价格设置上，很多参与的消费者反映上当受骗了。以黄金3D硬金产品貔貅为例，商家宣传：原价每件399元或388元，砍到底的价格是199元或168元。参与者拿到产品后发现：产品太小且是空心的，薄薄的一层，重量大概0.4克。消费者掐指一算，每克价格在400~500元，高呼上当！于是，又开始了一轮反面的传播、谩骂、攻击，还有很多媒体曝光了这些活动，称之为"骗局"。

第二，它砍伤了高收入人群对品牌或店铺的高端形象期望。为什么？砍价活动吸引的都是哪些人，基本上是黄金珠宝的"消费小白"（即消费经验和专业知识严重缺乏的消费者）和一些低收入人群。这样的活动无疑降低了品牌或店铺的档次，高端消费者会认为你的品牌或店铺就是低端的象征，与高端形象期望相距甚远。

砍价活动是从其他行业借鉴过来的，也有很多第三方砍价工具供商家使用。虽然在其他行业也曾风靡一时，但因隐秘的欺骗性而被消费者抨击，被商家放弃了。

现在是什么时代？是消费者主权时代，即消费者不仅在商品的选择权、知情权、评价权方面牢牢地掌握主动权，还会利用微信、微博、直播等社交工具和新媒体迅速联合起来，形成很大的力量。消费者不但强大起来，而且借助科技的进步，还很聪明！商家的小聪明、小把戏很快就会被识破、被负面传播。

所以，品牌和商家只能尊重消费者，认真为消费者服务，积极为消费者做贡献，是比傻，不是比聪明！

"砍价营销"是引客到店、公众号吸粉和推广新产品的有效工具，适合新店开业、新款推广的时候使用。

一定要注意商品价格的设置，一定是实实在在让利，和消费者比傻，而非玩价格游戏欺骗消费者。否则，得不偿失！

其实，营销人要有逆向思维。看到"砍价营销"，我们能不能借助第三方工具开展"加价营销"——"拍卖"就是"加价营销"。

给大家推荐一款拍卖的第三方应用——微拍堂，用微信搜索即可。10元起拍、100元起拍、1000元起拍，谁出价高就归谁。

五、案例解读："520"的新营销操作

2017年的"520"刚刚过去，一起盘点一下：

你的店铺客流如何？销售如何？利润如何？

昨天天公不作美，很多地方雨下得不小！

很多店铺没有客流，很多店铺客流很多。

为什么两级化？是"520"这个节日不够火，还是你的营销出了问题？为什么你的"520"吸引的都是广场舞大妈？

低价和免费是吸引客流的有效手段，但要找对人、说对话。为什么你吸引的都是广场舞大妈前来赶场？你是免费换新款，策略不对！为什么价格超低，年轻人不来购买？你的文案不对、产品不对，没有连接年轻人的手段！

"520"是什么节日？

谁都知道"520"是网络情人节，因为"520"谐音"我爱你"。我的问题是，为什么你的营销没有按照这个思路来策划，非要搞什么"免费换新款""为爱疯狂让利"，这是典型的不按套路出牌！

既然"520"又被称为"表白日""撒娇日"，人们大胆说爱，甚至送礼传情、相亲寻爱，更有无数对情侣扎堆登记结婚、举办婚宴，你为什么不按照"浪漫和示爱"这个主题来制造场景，开展产品营销或品牌营销呢？

既然"520"已成为各种媒体（报纸、电视、互联网等）竞相报道的热门新闻，你为什么不和媒体合作开展品牌营销或者产品营销呢？只知道

投放促销广告？

你缺的是营销的底层逻辑训练和社群营销理论的学习。营销的底层逻辑就是：是什么？为什么？不如此会怎样？

社群营销理论新在场景营造，新在仪式感、荣耀感、代入感，新在理解消费者、为消费者做贡献，新在连接器的应用上。

我们看看卡地亚、星光珠宝的"520"新营销是如何实践的。

（一）卡地亚：没有来得及说出的话，让我用一辈子的时间来告诉你

著名珠宝品牌卡地亚拍摄了微电影《爱若初见》：男主角准备了一枚卡地亚钻戒，计划"520"表白，却和女神第十二次争吵，想直接求婚又怕被拒绝，把男士求婚时紧张得像个孩子一样的过程记录下来。

因为有场景感和代入感，打动了不少人。尤其是男主角求婚成功的内心表白：没有来得及说出的话，让我用一辈子的时间来告诉你。

（二）把"用户对浪漫爱情与深情告白的向往"变成场景现实并传播出去

星光珠宝集团是领先的珠宝零售企业，也是珠宝行业"多品牌集中专卖的典范"，其营销和管理一直引领行业。在我的带领下，从2016年开始，星光珠宝集团旗下各门店积极践行新营销，取得了良好的社会效益和经济效益。现在和大家分享一下"520"的营销方案。

我们都知道"520"是告白日，但如何告白表达，已婚夫妇和热恋情侣有不同的向往与表达方式。我们就根据这两类人的向往，设计了两类场景现实，邀请星光的会员前来体验，收到了奇效。

1. *克拉恋人活动：最浪漫的事，莫过于亲手给爱人做一枚克拉钻戒*

对于已婚夫妇，油盐酱醋茶、生活琐事抹去了太多的浪漫。夫妻更多的是相亲相爱，追求小确幸。于是，我们策划了克拉恋人活动：邀请星光珠宝的已婚会员，让丈夫在专业人员的指导下，亲手给爱人镶嵌一枚克拉钻戒。活动一经推出，各门店报名火爆。如图1-3所示。

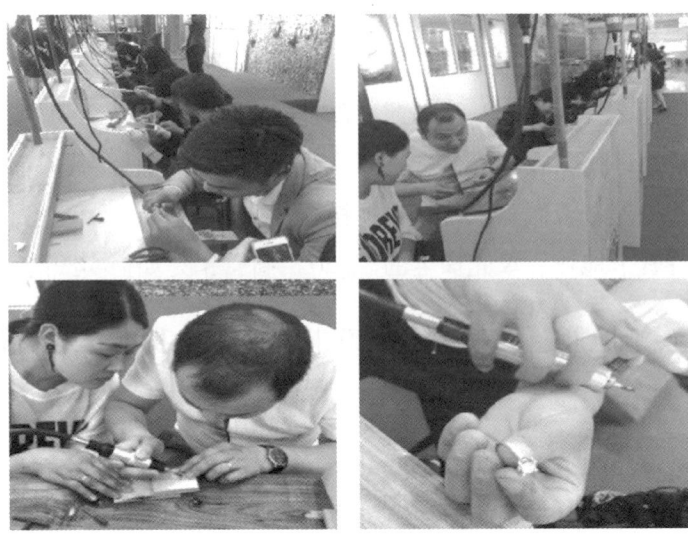

图1-3 克拉恋人活动现场

这次活动，夫妻一起研究、一起配合、一起发微信朋友圈秀恩爱，不但加深了夫妻感情，更让妻子们知道自己30分的钻石和1克拉的钻石有多大的差距。很多丈夫表示，要努力工作给爱人买一枚真正的克拉钻。如图1-4所示。

图1-4 克拉恋人活动现场示意图

2. 穿越时空，霸屏告白：让世界知道我很爱很爱你

对于热恋的情侣来说，买过钻石就要告白。怎么策划一个终生难忘的求婚告白仪式，是他们关注的焦点，于是我们就在合肥店策划了"穿越时空，霸屏告白"的求婚告白体验活动。凡在门店购买克拉钻的情侣，我们免费策划并全程提供物料和配套服务。

"520"这一天，虽然下着雨，合肥店有三对情侣进行了浪漫求婚告白。现场围观者很多，大家纷纷拍照、拍视频，发微信和抖音，实现了品牌传播。如图1-5所示。

图1-5　星光珠宝合肥店2017年"520"告白现场

（三）让价格特惠变得好玩有趣，吸引年轻人参与

很多珠宝店和购物中心为了吸引年轻人参与，特意制作了抖音中的身材挑战门，吸引了很多年轻人参与。不购物也可以挑战，凡是通过最后一关的被誉为女神，就给女神送一份小礼品；购物的顾客也可以挑战，挑战的礼品是赢取不同的优惠权限。如图1-6所示。

有人说，这些新营销活动是挺好的，不知道效果如何？

营销就是两个方向：一是产品销售；二是品牌传播。最理想的结果是品牌传播与销售双增长。 但对于很多品类来说，消费频点比较低，比如珠宝、汽车、家电，有时你做的活动当时未必带来销售的大规模增长，但是

图1-6 挑战门

你通过做贡献,与消费者建立了强信任关系,当消费者需要这类产品的时候,未来会选择你。

这样看来,我们花费不少的财力、精力、人力来制造场景,邀客户免费体验,好像很傻!

对,新营销就是和消费者比傻,而不是和消费者比聪明。不仅和消费者比傻,还要与相关利益者(下游客户)比傻。

因为现在是消费者主权时代,和消费者比聪明,你就注定会失败!

践行新营销,必须记住:

新营销的理念:就是傻傻地为用户做贡献,静待美好发生。新营销的抓手:连接器与价值贡献。

> 观点摘要

> 1. 营销理论由4P、4C进化到AF(社群营销),营销四要素产品、价格、渠道和推广分别进化为体验、场景、连接和价值贡献。
> 2. 社群营销就是借助社群工具把用户大规模地组织起来,线上线下不断地为用户做贡献,要么把用户培养成朋友,要么把用户培养成粉丝,培养对品牌的忠诚度,构建供需一体化的产业价值链,

奠定长期交易的基础。

3. 社群营销除了产品连接，还搞服务连接、情感连接；传统营销就是单一的销售连接。前者是强关系，后者是弱关系。

4. 社群营销结果：形成产业价值链。在这条价值链内部，各相关利益者形成了强信任关系，产品就畅销和长销，实现商业变现。

5. 体验是产品的逻辑，场景是价格的逻辑，连接是渠道的逻辑，价值是推广的逻辑。

第二章

新品牌

一、再不进化就会被年轻人抛弃

好像一夜之间,消费市场变成了新生代消费者主导。很多品牌就像"一代鞋王百丽"一样,没有做好品牌年轻化的准备,就被这些新生代消费者抛弃了。

尼尔森发布的《2017年中国消费品市场解读报告》显示,80后、90后、00后成为当今社会的消费主力军,日常消费占比为84%。80后走在奔四的路上、90后正走在奔三的路上,再过5年,00后也将大量步入职场。00后开始戏称95后的小姑娘为"老阿姨"了!

老品牌年轻化、时尚化刻不容缓,再不进化,真的会被新生代消费者抛弃。

(一) 老凤祥,你何时变得再年轻一点

在珠宝行业,老凤祥的地位除了港资品牌周大福外,无人能比。2017年,老凤祥的业绩比较靓丽。公司营业总收入达到398.10亿元,比2016年增长13.86%,利润总额达到19.65亿元。但是,老凤祥2017年的业绩增长基本上是依托渠道扩展、增加营销网点带来的。

老凤祥的主流消费群体还是50后、60后和70后,再过几年,70后都变成爷爷、奶奶辈了。时至今日,老凤祥品牌年轻化的迹象不足,传播的

还是"跨越三个世纪的经典"。

很多省代和加盟商开始着急了,老凤祥,你何时变得再年轻一点?因为他们已经感受到了压力。

作为时尚风向标的SHOPINGMALL的很多运营老总觉得老凤祥很土,很多省份的购物中心不愿意引进老凤祥,怕拖了时尚的后腿。老凤祥在很多省份销售得很好,进驻时尚的购物中心还必须去公关。

我亲眼所见,很多90后不听父母的建议,不愿意选购老凤祥,说"那是爷爷奶奶喜欢的品牌",而是青睐I DO等品牌。

未来是90后、00后的,你为什么不去研究他们?走进他们的生活方式,适应他们的消费习惯,不断设计超酷的新品新款,品牌既诉求经典,产品更要诉求时尚。难道你想和百丽一样逆时而动,与新生代消费者渐行渐远?

要知道,IV、宝格丽、卡地亚哪个品牌不是百年历史?这些奢侈品牌都不敢倚老卖老,而是借助每一时代的当红明星来传播经典与时尚。如图2-1所示。

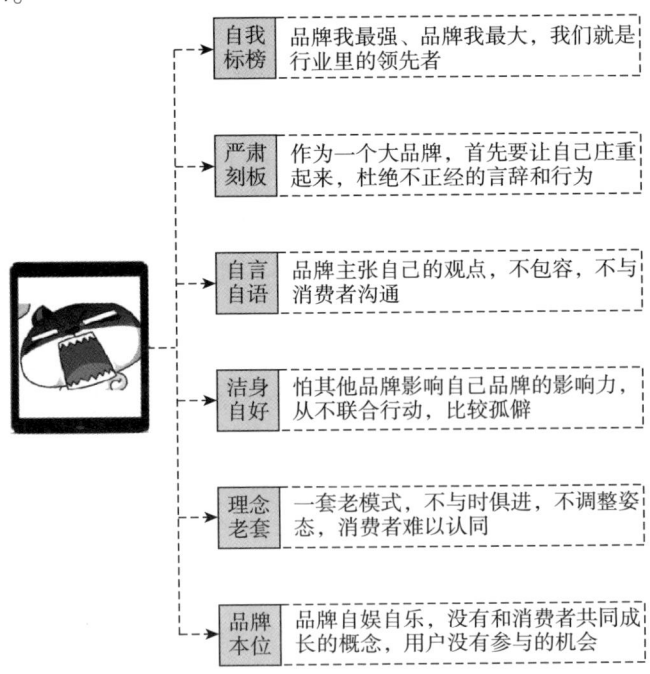

图2-1　90后、00后们最反感的品牌特征

（二）老品牌年轻化

为什么老品牌要时尚化、年轻化？有次聊天，一位老板的回答很经典："我们年轻的时候，对于 50 岁以上的人，心里说这些人太老了。而自己过了 50 岁，感觉不老，为了年轻，开始加强锻炼，穿年轻人的衣服，到年轻人喜欢去的地方消费。"

老品牌年轻化，不仅俘获了年轻人，还会俘获那些有钱有闲的、非富即贵的中老年人。

有钱人装嫩也是潮流！装嫩就要购买年轻化、时尚化的品牌。你的老品牌不年轻化，这些精英就会远离你，买老品牌就意味着证明自己老了。

二、品牌年轻化的秘籍

珠宝行业有不少品牌有 20 年、30 年，甚至更长的历史。品牌如何时尚化、年轻化？我整理了一些案例，总结了一些逻辑和秘籍，希望对准备时尚转型的品牌有帮助。

（一）周大福：创建子品牌，实现年轻化

作为珠宝行业的领军品牌，周大福一直走在创新的路上。为了品牌年轻化，周大福进行了两个探索：一是推出周大福荟馆（JEWELRIA）；二是创建年轻化的子品牌，如在 2017 年推出 MONLOGUE、SOINLOVE、T—MARK 等新品牌，以期俘获年轻消费者。

（1）周大福荟馆

周大福荟馆以"永致精品"为品牌定位，以一站式格局汇集"东方首饰""西式珠宝""国际品牌"等不同维度的珠宝产品，为新时代的新贵们提供更加多元化的选择。如图 2-2 所示。

（2）孵化子品牌

周大福旗下的"MONLOGUE"类似于快闪店的快闪品牌，门店规模更小、更精致，并且只支持手机支付；店内珠宝饰品的售价大多在 2000 元以

图 2-2　周大福荟馆

下,以精致和高性价比的珠宝赢得了年轻消费者的心,培养他们对珠宝的兴趣与佩戴的习惯。如图 2-3 所示。

图 2-3　周大福子品牌 SOINLOVE 与 T-MARK

而 SOINLOVE 以"钻戒中的公主"为品牌定位,T-MARK 则以"个性定制,钻石可全程追踪"为品牌理念,并提出了与 4C 并驾齐驱的钻石新思维——"4T 新准则"。消费者可以凭借 4T 标准,追溯钻石由毛坯到指尖的每个历程。

细分市场，创建新品牌，用子品牌年轻化吸引年轻的消费者，是老品牌年轻化的第一个秘籍。

对于老凤祥来说，创建子品牌并时尚化将是最佳路径。毕竟，老凤祥有足够的渠道网络和品牌影响力，如果创造几个时尚化、年轻化、个性化的子品牌，势必会受到终端的欢迎和市场的认可。

（二）I DO：营销时尚化，用年轻人的方式和他们一起嗨

如今，年轻人的生活方式有三个标签：一是"娱乐至上"，动不动就要皮一下；二是"个性化"，这就是我，不一样的烟火；三是"自我表达"，听我说、看我表演。2018年"扑街炫富"引发15亿人次的热议，就是各行各业的年轻人在自我表达。

品牌营销时尚化，就是用年轻人喜闻乐见的方式和他们一起嗨。I DO的娱乐营销就深谙此道。

看电影、K歌是年轻人的生活方式。于是，I DO首先以电影和娱乐营销为抓手，将品牌深度植入电影情节，将品牌主张与各类爱情故事进行艺术融合，再借助社交媒体发酵，引发广大受众的话题热议。这是利用年轻人娱乐和自我表达的特性开展营销活动。

从"充斥80后青春激情"的《将爱情进行到底》，到"国内首部以珠宝品牌命名"的《我愿意》，到"爱情战胜金钱"的《露水红颜》和"全国暖男话题"的《我的早更女友》，再到"让全世界相信爱情"的《咱们结婚吧》等，I DO的每一部电影都将产品埋入电影剧情发展的线索中，让每一个感人至深的爱情故事的发生都是因为I DO。

这是品牌利用电影主角为年轻人的个性爱情代言。如图2-4所示。

其次，I DO品牌通过聚焦社会热点，将传统媒体与网媒、信息流媒体、自媒体有机结合，借势各类娱乐元素，以娱乐化的方式，在预热铺垫、新闻事件、终端落地中与消费者交叉互动。这样，I DO的品牌形象可以在年轻人生活的各个场景得以展示、得以体验，完成了品牌的深度延展，扩大了品牌的亲和度与引领性。

图2-4 I DO的《咱们结婚吧》电影海报

总之,以年轻人的方式和年轻人互动,产品成为年轻人的代言人,品牌成为时尚、激情的代表。

营销时尚化、年轻化。不谈历史,谈好玩、讲个性、讲故事,用年轻人的方式和新时代用户打成一片。这是品牌时尚化的第二个秘籍。

对于珠宝行业来说,这是一个捷径。萃华、老庙从名称到历史都可谓是老品牌,营销时尚化就是以年轻人喜闻乐见的方式开展各类产品体验,或者专属品牌体验活动。

周大福也有80多年的历史,除了创建子品牌外,也经常开展个性化、时尚化的营销活动,和年轻一代打成一片。

(三) Beloves:邀年轻人一起创造

Beloves是个年轻的珠宝品牌,聚焦于个性产品定制,将年轻情侣及家庭成员的故事浓缩成符号,嵌入产品中。如图2-5所示。

图 2-5 Beloves 顾客参与定制的产品

无论是莲花、火车票、红酒杯、旋转木马还是火锅元素，都是恋人相识相知的场景或故事，无论是孩子的绘画还是初为父母的纪念，Beloves 都邀请用户参与设计产品，一起参与个性化的产品创造。

（四）潘多拉：把时尚热点融入产品

潘多拉是丹麦的一个珠宝品牌，公司成立于1982年，总部设在童话大国——丹麦首都哥本哈根。

潘多拉设计开发的珠宝首饰以产品的时尚化串珠和DIY的个性搭配，取得人们的青睐。包括手链、戒指、吊坠、耳环……主要由很多小配件组成，形状都是动物、十二生肖、十二星座、各种花型、天使、爱心、英文字母等。如图2-6所示。

图2-6　潘多拉产品串珠造型

为保持产品的时尚热度，潘多拉会根据节日元素、季节元素、中西方文化元素来开发各类串珠产品。

比如中国春节元素的狮子、红绣球、财神爷串珠，西方圣诞节元素的圣诞老人、铃铛、圣诞树、驯鹿、苹果等；爱情元素的热恋红唇、埃菲尔铁塔、连心锁，童话故事的白雪公主、冰雪公主等。

潘多拉每一个珠子都是一个故事、一个寓意。时尚化的产品有故事，也有时尚热度，可以按颗卖，每颗串珠在300～500元。

（五）蒂芙尼：贩卖新生活方式

现在是休闲娱乐时代，"在休闲中购物，在购物中享受"成为一种生活方式。

贩卖新生活方式，奢侈品牌 Tiffany（蒂芙尼）给珠宝行业做了一个示范。2017 年 11 月，蒂芙尼开设了 Blue Box 咖啡馆，首次把咖啡馆开进了纽约大道旗舰店的 4 楼，里面除了咖啡、早餐，还陈列了纯银家居用品、婴儿精品、葡萄酒等产品。

蒂芙尼凭借近万元的别针、毛线球，以及纯银吹泡泡玩具、纯银垃圾桶等高价家居精品，一次次成为中国社交媒体的热议话题，品牌微信搜索指数一度飙升至 245.42%。如图 2-7 至 2-9 所示。

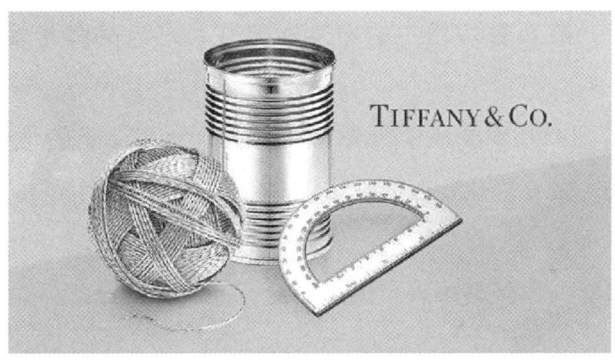

图 2-7　9000 美元的银毛线球、银垃圾桶、银量角器

图 2-8　29 美元的蒂芙尼早餐

图 2-9 蒂芙尼家居产品陈列

跨界经营,贩卖目标用户的新生活方式,是老品牌年轻化的第五个秘籍。

时代变了,9000 岁变成了消费者新势力。所以,不管你曾经多辉煌,也要不断进化,要年轻化、时尚化。不进化,年轻人与你的品牌"老"死不相往来!

年轻是趋势,年轻是未来!人是如此,品牌亦如此。

三、新品牌的机会与威胁

在中国珠宝终端市场,知名银饰品牌也就是河南的"梦祥"、湖北的"熊银匠"等区域品牌,全国性的品牌几乎没有。

2018 年 8 月,深圳的悦亮珠宝发布"悦亮 1 号抗氧银产品发布会",产品以"抗氧化"这一卖点横空出世,在行业声名鹊起。为什么?因为悦亮抓住了一个消费痛点:银饰品太容易氧化了。

谁解决了消费者的痛点,谁就能让消费者成为拥趸。

据说,悦亮引进了德国在航天领域应用的抗氧化技术,在银饰抗氧化领域经过无数次的实验,"抗氧银"才正式亮相。

（一）占据细分品类，树立品牌壁垒

由于"抗氧化银"能够长期保持银的亮白光泽，并且其抗氧化技术达到国家食品级标准，这项技术也被业内顶级专家称为"航天食品级抗氧化"。今后，市场上就会分为"抗氧化银"和"非抗氧化银"两个细分品类。

随着持续传播，悦亮1号=抗氧化银，将会牢牢占据消费者的心智，成为这个细分品牌的代表。

916黄金也被行业称为K金，也是解决消费者对K金易变形这个痛点而推出的技术。这个新技术原本是和悦亮1号一样，可以成就一个细分品类的新品牌，但没有品牌去抢占，就成为行业一个通用的技术了。实在可惜！

新品牌不要迷信技术壁垒，要相信品牌壁垒。技术壁垒对手通过挖人和投资可以实现，品牌壁垒即差异化的特征，存在于消费者的心智中。这是品牌的护城河。

必须指出的是，新创品牌占据了细分品类，还必须聚焦这个点，全力快跑，保持最低成长速度。否则，容易被行业大佬抢占。

瓶装的"牛奶+果汁"是北京一家企业研发的混合型饮料，但是这家企业以为开创并占据这个新品类即可坐享利益，没有启动全国招商和铺货，以及保持一定声量的传播。最后被娃哈哈发现，推出营养快线并快速跟进，利用全国经销网络把营养快线铺到终端，启动一定量级的传播。结果，这个品类就被娃哈哈抢走了！

盒马鲜生（生鲜超市）、蜂鸟（自助快递柜）、摩拜（共享单车）、卡萨帝（洗衣机）都是发现消费痛点而推出的新品牌，都保持最低成长速度和面向消费者一定声量的传播。

盒马鲜生一年开了近50家门店，蜂鸟3个月布满一、二线城市的小区，卡萨帝3个月全国终端可见，这是最低成长速度。盒马鲜生、摩拜、卡萨帝会积极利用各类媒体进行品牌传播，尤其是社交话题的传播，这是保持一定声量的品牌传播。

（二）技术发力，品牌发声，保持最低成长速度

在中国珠宝行业，潮宏基和周大福率先推出"哆啦A梦"和"福星宝宝"3D硬金产品，来满足消费升级的需要。

3D硬金和916黄金（22K金）就是产品升级。在珠宝行业，产品升级主要是工艺升级和技术升级，每一次产品升级都有创建新品牌的机会，就看品牌是否能把握住。把握住就成为细分领域的新锐品牌代表，把握不住就成为行业的通用工艺。

梦金园和赛菲尔首推万足金（9999），也成了万足金这个品类的品牌代表；同样是推出99999纯度黄金，金龙首饰命名为御纯金，有的直接命名为九五至尊金，如果保持一定声量的品牌传播和最低成长速度，都能成为99999黄金的品牌代表；悦亮1号首推抗氧化银技术，就先声夺人成为抗氧化银的代表；老铺黄金首推古法金工艺，未必就成为古法金品牌的代表，因为太迷信于技术壁垒而缺乏品牌壁垒。

3D硬金技术、916产品技术我不知道是哪家品牌首推的，因为没有品牌抢占（保持最低成长速度和品类声量传播），结果这些技术就成为行业的基本技术了，丧失了一个新品类品牌的机会。

四、新品牌市场突围的四大尖刀

如今是品牌时代，也是资本时代，更是行业整合、品牌洗牌的时代。一方面，大品牌渠道下沉到乡镇一级，靠品牌拉力和渠道推力，不断碾压区域品牌；另一方面，很多品牌在资本的助力下开启收购、兼并浪潮，低价竞争、渠道骚扰，让新品牌战战兢兢。

前有全国性品牌的拦截，后有资本品牌的追兵，区域品牌和新创品牌如何突出重围，有没有机会变成全国性品牌？未来在哪里？能否突出重围？怎么突出重围？

USP论拥趸说："只要细分市场，给消费者一个独特的利益主张就可以了。"

定位论拥趸说："占领用户的大脑，用一个关键词去占领消费者心智就成功了。"

资本论拥趸说："快速收购整合区域品牌，借助原班人马，不断烧钱加大推广就可以了。"

哪有那么简单？品牌是一个系统工程，哪能一个点就能撬动地球！

USP论拥趸不会告诉你，江小白白酒和消食乐山楂饮品背后有一个强大的分销体系，支撑知名度的是理论，真正起量、成为爆品的是渠道支撑。周六福的USP是什么？消费者不知道，加盟商也不清楚，能赚钱就行。它是典型的渠道驱动。

定位论拥趸不会告诉你，瓜子二手车网站的成功背后，是烧掉十几亿的广告费来支撑这个心智认知的传播和沉淀。

很多上市公司也收购了不少品牌，做得不温不火，问题出在哪里？

（一）放大用户最在意的价值

现在是智能互联时代，也是消费者主权时代，消费升级、消费漂移、跨界打劫、转型阵痛……这是一个大变革时代，一切都充满不确定性。如何在不确定性中寻找确定性，那就是预判未来趋势，一边试错一边摸索。

放大用户最在意的价值，我认为这是新创品牌和区域品牌立足的基因。

每一个新创品牌或区域品牌能够存活且呈现出勃勃生机，都要有这个基因。

在珠宝行业，世纪缘珠宝旗下的"LME（埃菲尔印记）超级婚戒"和嘉华婚爱珠宝旗下的"中国新娘"之所以逆势崛起，不断攻城略地，就是放大了婚庆用户在意的价值——爱情的忠贞表达和明星证婚的仪式感。

2017年火爆珠宝市场的古法黄金和老铺黄金，也是放大了金领阶层用户在意的价值——皇室工艺的稀有与尊贵。2018年的悦亮1号抗氧化银也要不断突显抗氧化，保持银饰的光滑洁净这一用户在意的产品使用价值。

作为区域品牌，山东的世纪缘珠宝不惜缴纳2000多万元的违约金来解除爱迪尔珠宝的收购要约，就是发现了放大用户价值带来的超级回报。

请记住：任何时候，你深挖并放大用户最在意的价值，用户就会给你

超额回报。这个价值，有时候仅仅就是产品品质，有时候是一个仪式感或产品工艺。用户会投桃报李。

（二）新品牌市场突围的尖刀法则

放大用户最在意的价值，是新品牌立足的基因，区域品牌要成功突围，成为全国性品牌，还要靠市场说话。从区域市场走向全国市场，就会和全国性的品牌、地方性的龙头品牌竞争。如何在竞争中取胜？

对于初创品牌或区域品牌来说，资源永远有限，不可能补齐所有的短板。因为你是挑战者，你必须手拿尖刀抢市场。刀刀见血，先撕开一个口子，再旋转刀柄扩大战果。

1. 第一把尖刀：产品

即打造一款好产品，用产品培养种子用户，与种子用户联手拓展市场。

新创品牌或区域品牌的基因是放大了用户最在意的价值，获得了一批种子用户。所以，你要服务好这批种子用户，要么把他们培养成粉丝，要么把他们培养成朋友。有了这个条件，你就可以联手这批种子用户获得越来越多的精准用户，一起和其他品牌对抗并获得成功。

对很多人来说，买智能手机最在意的价值是高性价比，雷军就开发小米手机，以超低价格获得前期种子用户，后来借助小米论坛和米柚及"小米同城会"，将种子用户组织起来做贡献，然后在粉丝的支持下一步步做大做强，与苹果、三星等世界品牌分庭抗礼，成为中国高性价比的代表品牌。快消品的江小白、喜茶，都是利用产品这一尖刀来抢占市场的。

在珠宝行业，MLE 超级钻戒和中国新娘、老铺黄金有这个趋势。但是，请这三个品牌的掌门人注意：**一定要践行新营销，服务好首批的种子用户和种子渠道，把他们变成粉丝或朋友。**

粉丝是超级信任，无条件支持偶像；朋友是高度信任，全方位支持品牌。

有他们的支持，争夺全国市场才有底气，才能在全国市场上撕开一个口子。

2. 第二把尖刀：渠道

在中国做市场，要成为全国性的品牌，一定要靠渠道驱动。周大福、老凤祥、周大生、周六福的发展都离不开渠道支撑。2018年,周大福的"新乡镇计划"、中国黄金的"大店计划",还在持续强化渠道力量。

总而言之,渠道是新创品牌和区域品牌突围绕不开的门槛。如何打造渠道尖刀?

渠道尖刀策略是选择三观相同的新渠道,与新渠道联手,抢占市场地位。你开始选择的渠道商不一定是当地最大的经销商,但一定是三观相同,有梦想、有激情的经销商,甚至是刚进入这个行业的新兵。

当地最大的经销商一定是手握行业多个知名品牌,在他眼中,你的品牌仅仅是一个种子品牌,大年三十打个兔子——有你没你都能过年,他不会太重视。他不一定配合你的市场政策,甚至不断和你要各种市场支持,让你骑虎难下,关键是让品牌错过了发展时机。

而三观相同,有激情、有梦想的新经销商一般比较听话,能100%执行市场政策。他们还敢于前置投入而不是和你要各种政策,品牌能与渠道合力在市场上拼杀反而能获得成功。一般来说,这样还能树立样板市场。

I DO就是选择三观相同、有梦想、有冲劲的新经销商而影响全国渠道的,等到影响力扩大后再与空白区域最大的经销商合作,进行渠道发力。

前期选择的三观相同的新渠道商就是区域品牌或新创品牌的一把尖刀。

10年前,爱迪尔珠宝就是一个利用渠道尖刀打开市场的典型代表。目前,普林尼钻石也正在利用渠道尖刀悄悄开拓市场。普林尼的汪季董事长说:"我们不仅选择三观相同的经销商加盟,还要保证他们赚钱,赚不到钱由普林尼补贴。"试想,珠宝行业谁敢这样做?

反观很多珠宝品牌,在渠道上发力时,就犯了"找老大搭便车"的错误。老板和业务总经理总是想找到当地最大的经销商来做代理,如果你是全国性的品牌,这很好,叫强强联合;而你是区域品牌或新创品牌,地位不匹配。所以,很多品牌在某些市场打不开局面就是这个原因。不仅错失市场机遇,还打击了士气,导致后来者不敢接手这个品牌。

品牌地位要与分销商的地位匹配,就像婚姻一样,讲究门当户对。深圳嘉华婚爱珠宝、山东世纪缘珠宝在开拓渠道时,寻找的代理商和加盟商不是当地最大的商家,而是地位吻合、三观相同的伙伴,发展反而蒸蒸日上。

3. 第三把尖刀：机会市场与市场机会

由于中国市场发展不均衡，很多行业在很多省份有很多市场机会和机会市场。

市场机会是指全国性品牌遗漏的机会点，这个机会点可能是渠道机会，也可能是传播机会。机会市场则是指这个市场不被全国性品牌重视，而给新创品牌留下巨大的成长空间。

不管是机会市场还是市场机会，你都要抓住这些窗口期快速成长、探索经验，然后将这些制胜的经验复制到全国市场。

这些市场机会或机会市场，就是区域品牌开拓全国市场的尖刀。

在珠宝行业，爱恋珠宝在四川市场发现了市场空白点，六桂福珠宝在黑龙江市场发现了市场空白点，于是爱恋珠宝深耕四川市场，六桂福珠宝深耕东北市场，这两个品牌抓住全国性品牌的渠道覆盖度不够的机会，聚焦机遇市场，快速成长，探索出一套自己的章法，然后开始向周边市场渗透，图谋全国市场。四川市场的样板经验就是爱恋的尖刀，黑龙江市场的样板经验就是六桂福的尖刀。

如果说爱恋和六桂福品牌善用机会市场，那么周六福珠宝则是善于抓住各种市场机会。湖南、湖北、四川、安徽、河南、江苏、山东，只要有机会，不管是省会城市还是地县级乃至乡镇市场，也不管是购物中心、步行街还是超市及商铺，周六福就快速开设店铺。

4. 第四把尖刀：人才

人是一切事物成败的关键。一个品牌发展不错，必定是这个品牌敢用人、会用人。这个人可能是一个领军人物，也可能是一群人。这些人才尖刀都是市场的操盘手。

在珠宝行业，六桂福的老板敢用、重用职业经理人张栋操刀13年，张栋就成为六桂福的人才尖刀。爱恋珠宝和周六福珠宝则是用了一群人才作为品牌尖刀。尤其是周六福，敢于用年轻人，放手让他们冲锋陷阵，就像蚂蚁雄兵一样，力量不可小觑。

有了人才，有了样板市场经验，所以爱恋开始向云南、贵州市场大步拓展；而六桂福则挟品牌势能席卷东三省。如今，周六福已经在全国拓展了2000多家店铺，由区域品牌向全国品牌进军。从发展的趋势看，周六福应该就是下一个"周大生"。

品牌的成功是系统的成功，一个新创品牌、区域品牌图谋全国市场，靠的可能不是一把尖刀。悦亮1号抗氧化银、老铺黄金靠的是产品尖刀，普林尼靠的是渠道尖刀，周大生则是产品尖刀、渠道尖刀和机会市场尖刀并用，爱恋、六桂福、周六福则靠的是机会尖刀和人才尖刀。

五、品牌逆袭：产品思考，品牌表达

都说珠宝行业进入品牌时代，全国性品牌不断下沉渠道跑马圈地，大小终端都在争抢加盟名额；地方性品牌渠道在不断萎缩坍塌，加盟商的专卖店纷纷翻牌改换门庭。

但总有一些新品牌逆流而上，实现了逆袭。逆袭的终端操作，就是以"清晰的产品卖点和较大的利润差"来诱惑零售商，以"门店翻牌给补贴，新货品给一定支持"的实际行动快速抢占原来的优质商铺。

这些逆袭品牌的密码，就是"产品思考，品牌表达"。产品思考让产品有清晰的卖点和较大的利差。产品思考就是从产品切入：一是产品如何升级，即通过产品升级来满足消费者的新需求；二是产品痛点论，即我的产品要解决消费者的什么痛点。

（一）珠宝产品升级路径选择

经济发展时代进化，新中产与新生代助推消费升级，消费升级带来新需求。这个新需求是注重产品的品质，更注重产品的精神享受。产品升级最好实现消费者对产品物质享受和精神享受的双满足，做法就是产品首先物质升级，还要附加精神文化价值。

工艺和材质升级是物质升级，如3D硬金、材质混搭，甚至古代的掐丝技术和古法黄金工艺的复原等；消费习惯和消费理念是精神文化升级，比如配饰消费和自我奖励就是消费习惯升级，如对体验敏感，对价格不敏感,就是消费理念升级。

在消费升级的背景下,产品升级路径有三个:

(1) 品质升级

钻至尊钻饰全部精选95色以上、净度为VVS级别,完美八心八箭切工的HOPE钻胚来镶嵌。这是产品品质升级。购买钻至尊产品的新人将在婚礼现场收到两条珍珠项链,新郎和新娘亲自为自己的母亲佩戴,以表达"掌上明珠谢亲恩"的孝道传承。

高品质钻胚和镶嵌技术是产品思考,"掌上明珠谢亲恩"的文化仪式则是品牌表达。

梦金园和赛菲尔将999黄金升级到9999万足金,御纯金和九五至尊金再将黄金升级到99999至纯金,都大获成功;提纯工艺是品质升级,是产品思考;"御用"和"九五至尊"则是品牌表达,满足目标用户对极致、至尊的精神需求。

(2) 文化升级

嘉华珠宝专注于月老牵线、皇上证婚、送喜官、真会游等婚爱文化IP的打造,LME(埃菲尔印记)创造男人要出示身份证,签订真爱承诺证书等购买场景,来传递"一生只送一人"的真爱理念,都是将文化附加在产品上,从而实现产品升级。产品附加了文化仪式、场景,就实现了品牌表达。

(3) 工艺升级

周大福的3D硬金、周大生的LOVE100面切工、通灵的蓝色火焰、老铺的古法黄金、百泰的炫彩工艺、爱迪尔的灵动镶嵌工艺,都引发了新的消费热潮。

这些品牌就是顺应消费升级,升级原来的品类,做出了一款款好产品而已。好产品代表了某个品类,品类助推品牌逆袭。

(二) 产品解决痛点,品牌提供体验

珠宝首饰消费也有很多痛点:一是白银和珍珠的首饰易氧化;二是18K金的首饰易变形;三是产品的个性化不足;四是产品体验性缺失。

产品思考除了升级原来的产品工艺和品质外,就是思考如何解决产品的消费痛点。针对白银容易氧化的痛点,悦亮珠宝开发了抗氧化银,产品解决了消费痛点,品牌则成为这一领域的唯一,这也是品牌的品类表达。

18K金容易变形是一个消费痛点,周大福等品牌就率先开发了22K金;产品的个性化不足,Beloves就以个性化定制来切入市场;产品的体验性缺失,老银匠和全爱工匠就以体验参与的销售形式,让消费者亲自参与个性化首饰的制作。如图2-10所示。

图2-10 全爱工匠专卖店首饰制作体验示意图

产品解决了消费痛点,品牌则提供了新体验,完成了品牌表达,或表达品类地位,或表达技术实力,或表达个性消费主张。"产品思考,品牌表达"比较容易理解。

当然,要创建一个优秀的品牌,还需要顶层设计。这个顶层设计就是品牌的定位论,企业家可以想清楚自己对产品的思考和品牌表达的内容,然后再找专业的品牌策划公司一起开展顶层设计工作。

(三)品牌理论的变迁与融合

1. 品牌理论

品牌一词源于西方,英文单词Brand,意为烙印。原来是贵族们为了区分财产而在马匹上烙上不同的印记。所谓品牌,就是消费者对标的物的综合印象。这个标的物是人的叫个人品牌,是产品的叫产品品牌,是企业的叫企业品牌。

通俗一点理解,**品牌就是长啥样(商标、包装)、叫啥名(名称)、有啥显著特点(价值、地位、特色、广告语)**。

品牌理论从西方传入中国也有几十年了,主要有三大理论:

(1) USP 理论(Unique Selling Proposition)

USP 理论是琼·雷斯在 20 世纪 50 年代提出的理论。**翻译过来就是:独特的销售主张**。无非就是要有独特的卖点——独特的、强有力的、产品能够给消费者提供的利益承诺。

沃尔玛:天天省钱;

京东:多快好省;

农夫山泉:有点甜;

莱绅通灵:王室珠宝,为下一代珍藏;

LME:一生只送一人;

梦金园:万纯金 9999。

(2) 形象论(Brand Image)

形象论是奥格威在 20 世纪 60 年代提出的理论。意思是:**应该以树立和保持高知名度的品牌形象作为长期投资**。因为消费者所购买的是产品能够提供的物质利益和心理利益,而不是产品本身。故**需要品牌的超级符号来代表品牌形象**。如图 2-11 所示。

图 2-11 卡地亚产品符号与品牌符号(左:love 手镯;右:猎豹)

我们熟知的有:麦当劳大叔(形象)和金色拱门(超级符号),耐克"想做就做"(just do it)(个性形象)和大写的√(超级符号),卡地亚猎豹(形象)及 LOVE 手镯(超级符号),蒂芙尼的知更鸟蛋蓝色礼盒(形象）和太阳花钥匙吊坠（超级符号）。

（3）定位论（Positioning）

定位论是里斯与特劳特20世纪70年代提出来的理论，是**指抢占心智资源，让品牌在消费者的脑海里占据一个位置**。定位不是去创造某种新奇的或与众不同的东西，而是利用和操纵人们的心智资源（记忆特性），用概念去抢占一个位置。

宝马定位驾控性（开宝马），奔驰定位舒适性（坐奔驰），沃尔沃定位安全性（全方位安全系统）；

明牌珠宝定位：全球领先的铂金首饰生产商与零售商；

ADK定位：全球K-gold私享家；

百泰首饰定位：中国黄金制造第一家；

菜百定位：京城黄金第一家；

星光珠宝定位：珠宝商城运营商。

2. **融合期**

目前，USP、形象论和定位论三个理论是融为一体使用的，这样会加快品牌识别和认知。举几个例子：

特朗普：个人品牌

定位：强调美国利益第一的总统

USP：雇美国人，买美国货

形象：大嘴风格、成功商人

王老吉：产品品牌

定位：预防上火的饮料

USP：怕上火，喝王老吉

形象：红罐

阿里巴巴：企业品牌

定位：世界电子商务创领企业

USP：让天下没有难做的生意

形象：天猫、淘宝、支付宝

Cartier：

定位：奢侈珠宝领导品牌

USP：珠宝商的皇帝，皇帝的珠宝商

形象：豹子、手镯

莱绅通灵：

定位：王室珠宝

USP：为下一代珍藏

形象：皇冠、马车

观点摘要

1. 老品牌年轻化，目的是满足年轻人需求，同时俘获装嫩的非富即贵的中老年人群。

2. 让品牌成为品类的代表：新品牌聚焦产品细分品类，保持最低成长速度和一定声量的品类传播，有望成为新品类的品牌代表。

3. 新品牌不要迷信技术壁垒，要相信品牌壁垒。技术壁垒对手通过挖人和投资可以实现；品牌壁垒即差异化的特征，存在于消费者的心智中，是品牌的护城河！

4. 品牌逆袭需要的是产品思考和品牌表达。

5. 目前，USP、形象论和定位论三个理论是融为一体使用的，这样会加快品牌识别和认知。

第三章

新产品

一、你的产品会替消费者表达吗

中国珠宝行业的产品开发原来有两个痛点：一是原创作品少，大家互相抄袭，从命名到款式都是互相模仿；二是款式开发多是"设计师自我表达"，缺乏替消费者表达。由于品牌的原创知识产权保护意识和反盗版措施的强化，第一个痛点慢慢减少，很多品牌不得不走向原创设计的道路，这是行业的进步。

目前，产品开发重点停留在第二个痛点：缺乏替消费者表达。

款式开发的"设计师自我表达"与"替消费者表达"：

"设计师自我表达"就是设计师考虑自己的兴趣、爱好、个性和特色，带着这个目的来开发产品款式。"替消费者表达"就是设计师洞察目标消费者的价值观、需求和使用场景，利用工艺和款式来演绎这些，用产品替消费者表达品位、个性、情感、希望等。如图 3-1 所示。

最理想的状态是"设计师自我表达"和"替消费者表达"融为一体，这样的产品不仅原创性强，还会成为爆款。

毕竟"替消费者表达"的产品已经融入消费者的生活或工作场景，替消费者代言，从产品就开始走进消费者的心智资源，让消费者有代入感，可以引发共鸣。

让产品替消费者表达的三要素就是：场景、洞察与文化。

Ballerina胸针 Van Cleef & Arpels　　Ballerina胸针 Van Cleef & Arpels

图 3-1　梵克雅宝胸针欣赏

珠宝设计师如何洞察消费者的场景痛点，从而开发新款，找到文化的着力点。具体操作建议如下：

(1) 组建消费者社群，和消费者一起玩、一起嗨，感触他们的场景与痛点。

这个可以学习潘多拉。潘多拉经常利用微博、抖音和官方微信公号与用户互动，邀请他们参与产品的搭配和讨论，从而了解他们的需求与痛点。

(2) 走近目标消费者，多观察体验他们的生活和工作场景。

甚至在产品没有量产之前找消费者试用试戴，搜集他们的意见与想法。要知道，新生代消费者是最喜欢表达的群体，他们是弹幕一族和抖音一族。弹幕的意义在于个性表达，抖音则是9000岁新生活方式和社会热点洞察的窗口。

要学会和目标消费者共创共享。他们不仅仅是消费者，更是产品代言人、产品设计参与者。未来，新生代和新中产家庭佩戴自己设计的个性婚戒、将宝贝涂鸦作品变成母子款首饰、将某个值得纪念的场景变成纪念款首饰，将会大行其道，需要设计师、品牌提前筹划和准备相关加工模型。

(3) 将"黄金珠宝的属性"与"用户的场景"结合起来。

黄金珠宝有三个属性：金融、时尚、文化，消费者购买、佩戴珠宝一般是适应婚庆、工作、生活场景。所以，设计师要学会将属性与场景结合，重点是发掘文化（包括西方文化、东方文化），再结合材质和工艺，造型时尚，不仅要制造场景，更要表达情感与愿望。

（4）**打造 IP 产品：让文化寄生在超级 IP 上。**

IP 的内核就是一种符号表达。消费者购买这些产品，就是选择一种文化表达。将人类沉淀下来的美好情感文化符号，比如爱情、正义、和平、勇敢、希望、美丽、平安，寄生在产品上，打造超级珠宝 IP 产品；或者与热点影视剧结合起来，取得授权，开发热点 IP 形象产品，也是产品设计中替消费者表达的做法。

二、如何打造超级 IP

打造 IP 产品，各个行业都在谈论。

具体到珠宝行业，什么样的产品是 IP 产品？什么样的题材具备 IP 的潜质？黄金子弹头、黄金足球、QQ 表情、小猪佩奇、几何图形、动漫中的卡通形象、动物、植物、代表皇权的王冠，哪些是 IP 产品？哪些是伪 IP 产品？

为什么很多品牌借助火爆的影视剧进行产品植入或声称 IP 新品开发，却没有实现预期的销售业绩呢？也有很多品牌借助热点开发 IP 新品，结果热点转瞬即逝，产品还没铺开就偃旗息鼓了。

企业开发 IP 产品花费不菲，却昙花一现，到底哪个环节出现了问题？

IP 产品是实体产品吗？有没有虚拟产品？IP 产品只是生产企业来塑造吗？零售企业可以打造 IP 产品吗？

（一）珠宝超级 IP 的背后逻辑

IP 是什么？众说纷纭。产品可以是 IP，如苹果手机；品牌可以是 IP，如劳斯莱斯、卡地亚；创始人可以是 IP，如乔布斯、任正非；动漫人物、神话人物都可以是 IP，如米老鼠、财神爷。所谓的 IP，就是大众耳熟能详，有粉丝拥趸，有话题自带流量，可以实现商业变现的符号。这个符号可能是实物、人物、形象符号或文化的仪式流程。

如果我给珠宝超级 IP 下个定义，那就是：**珠宝超级 IP 是经过市场检**

验的可以承载人类情感的符号。

宗教、爱情、和平、文明、富裕、民主、勇敢、正义，这些都是承载人类美好情感的符号。凡是能表达这些美好情感的，以物质形态呈现的产品或非物质的文化产品（比如文化仪式），都是 IP 产品。

基于这个前提，IP 产品有四个指标：一是 IP 的内核，就是人类达成共识的内容沉淀，大家对这个形象或故事耳熟能详；二是产品为 IP 内核的表现载体，产品借助 IP 内核就自带话题，自带流量，可以聚集粉丝；三是产品因为 IP 内核可以自我推广，很容易商业变现；四是经得起时间的考验，可以持久火爆。

火爆的表象是产品，其实引发火爆的是承载人类美好情感的 IP 符号。

超级 IP 产品与热点 IP 产品的区别，就是时间维度的考验。

在一定时间内旺销的 IP 产品叫热点 IP，持久旺销的叫超级 IP 产品。带有动漫题材小猪佩奇的产品就叫爆品，小猪佩奇是热点 IP；而宗教题材的观音、佛产品，就叫恒久 IP 产品，观音、佛是恒久的 IP。

伟大的神话故事、影视作品、文学作品就是通过丰满个性的形象、曲折的故事来演绎并歌颂这些承载人类美好情感的符号——IP。

品牌据此开发产品，并将产品与 IP 背后的文化符号进行完美嫁接。这是品牌 IP 产品的开发逻辑。

（二）原创 IP：文化寄生、多元化与细分化

珠宝行业的 IP 意识已经觉醒，领军品牌都积极践行 IP 珠宝产品研发，如潮宏基的"哆啦 A 梦"系列、周大福的"Hello Kitty"系列、周生生的"海贼王"系列、潘多拉的"冰雪奇缘"系列手链等。

IP 产品开发分为原创开发和授权开发，其开发思路是不一样的。

原创的 IP 产品开发，一定要学会文化符号寄生。

换句话说，就是你的原创产品要寄生在承载人类美好情感的文化认知中。这些认知已经沉淀在人的心智资源中，可以很容易识别、传播，可以自带话题、聚集粉丝，实现产品的自我销售。周大福的福星宝宝系列、明牌珠宝的锦衣玉食系列 3D 硬金产品之所以能持续畅销，背后逻辑就是产

品寄生在中国传统文化中。

可以寄生的文化符号主要有：宗教文化、星座文化、福寿文化、爱情文化、权贵文化、文明文化。这些 IP 产品，可以是物化的具体产品，比如代表爱情的钥匙、代表浪漫的埃菲尔铁塔、代表权贵的王冠、代表平安福佑的神像；也可以是流程化的仪式感文化，比如求婚告白、拜月老、求财求平安仪式、海誓山盟、证婚、感恩、儿童抓周等。

原创的 IP 产品开发，还要学会多元化。承载人类美好情感的符号文化是个大概念，品牌要学会多元化。如今是全球化时代，西方文化、东方文化都在情景交融。只要是美好的情感符号，除了国籍与信仰，这些文化符号是中西方都认可的，比如爱情、文明、富裕、勇敢与正义。东方认可生肖文化，而西方认可星座文化，其 IP 内涵是差不多的。

在中国市场，宗教文化的 IP 产品，多以佛教、道教、儒教为主，西方基督教、伊斯兰教的 IP 产品很少。在中国，信奉基督教和伊斯兰教的民众人数不少，品牌可以围绕西方的 IP 来打造产品，实现多元化。

西方的海洋文明和海盗文化、希腊神话，包括西方节日文化，如圣诞节、感恩节、复活节，这些深入人心的 IP 都是可以开发利用的。尤其是 90 后、00 后年轻消费群体，对国外的文化比较认同。每年的圣诞节，黄金苹果就会热销，就是沾了西方文化 IP 的光。

原创的 IP 开发，用细分市场抢占小众和圈层。过去产品开发讲究大众逻辑，现在产品开发要讲究个性与圈层逻辑。未来的市场逻辑，就是大众品牌和小众品牌同时存在。品牌原创 IP 产品，要学会将 IP 细分化，从而抢占圈层市场。

比如中国的佛教文化中，菩萨和佛陀都是深入人心的 IP 产品，但整个珠宝行业开发的都是大众化的 IP 产品，菩萨以南海观音为主，佛陀以弥勒为主。其实，菩萨有普贤菩萨（道场峨眉山）、文殊菩萨（道场五台山）、观音菩萨（道场普陀山）、地藏菩萨（道场九华山），民间有"求平安到普陀，求财到九华，求智慧到峨眉，求官到五台"的传说。品牌完全可以根据这些传说或典籍来细化开发四大菩萨的相关 IP 产品，来满足信徒不同的心理需求。

在道教文化中，财神也是深入人心的IP产品。珠宝行业开发IP产品也是大众化的IP产品，财神多是关公与赵公明的形象。其实，在中国的民间传说中有五大财神——3位武财神和2位文财神，他们分别是赵公明（全能武财神，封神演义中的神话人物，赵公明及其4员部将被称为五路财神）、关公（忠义武财神，三国时期历史人物）、范蠡（生财有道武财神，春秋时代历史人物，又称陶朱公）、比干（公正文财神，商代历史人物）、沈万三（偏财文财神，明代历史人物，民间传说靠聚宝盆发家）。品牌是否可以根据民间传说和历史典籍来开发与五大财神相关的IP小众产品呢？

（三）授权IP：将品牌特色与热点IP结合起来

品牌除了利用人类沉淀几千年的历史文化符号来开发原创IP产品，也可以从古今中外优秀的原创优质IP形象中获得授权开发，就是获得热点影视剧、热点动漫中的形象授权来开发产品。

借助热点IP获得授权，要注意以下三点：

（1）开发的产品或者形象要符合人类美好的情感载体，才能获得IP内核带来的红利。如图3-2所示。

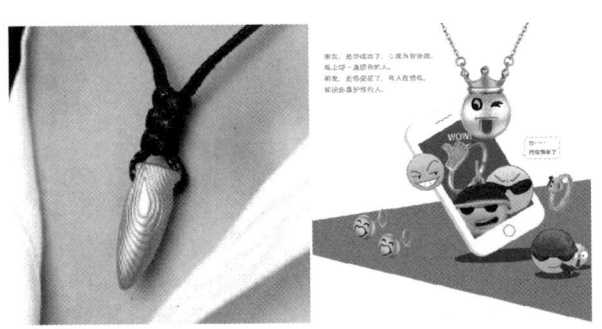

图3-2　黄金子弹头饰品与QQ表情首饰

黄金子弹头产品，就是借助《战狼Ⅱ》的火爆开发的硬金产品。为什么没有火爆全国？因为子弹在大家的心智中是凶器，不能代表人类美好的情感符号。虽然个性另类，但畅销很难。也有开发骷髅头吊坠产品的，材质要么是足金的，要么是足银的。产品不美观，但它附加了"死了也要爱"的情感表达，有人愿意佩戴，就是另类的个性表达。

腾讯的 QQ 表情在 10 年前绝对是热点，现在新生代不玩 QQ 表情，玩原创动图。现在开发 QQ 表情饰品，就是"起了个大早，赶了个晚集"。另外，我觉得表情符号只是社交的道具，无法承载人类美好的情感寄托。生产企业虽然取得了授权，但很难打造成功的 IP 产品。

（2）借势的热点 IP 要全民熟知，不要太小众，否则热不起来。

诸如迪士尼的最新、最卖座的影视作品动漫形象的授权，或者好莱坞经典系列大片的主角形象、产品植入授权，这些作品都是经得起全球观众检阅并熟知的，如米老鼠、唐老鸭、白雪公主，这些形象深入人心，相关的 IP 产品开发就容易成功。

珠宝行业也曾推出米菲兔系列、彼得兔系列 IP 产品。产品也只在局部地区旺销，主要原因是这些 IP 动漫剧没有被全民熟知，在很多三线、四线、五线城市，很多用户没有看过这些作品。

（3）获得授权的 IP 产品，或者在热点 IP 影视剧中植入产品，要与品牌巧妙匹配嫁接。

因为热点总会过时，只有将品牌优势与 IP 影视剧进行嫁接，这个 IP 产品作为品牌特色才会被用户记住，方可享受 IP 的红利。如图 3-3 所示。

图 3-3 明牌珠宝的十里桃花铂金产品和黄金产品

明牌珠宝曾经借助《三生三世十里桃花》这个热点 IP 影视剧，并开发了桃花系列产品。在电视剧热播的时候，桃花系列产品是旺销的；这部剧很快被新剧替代，但桃花系列和明牌的品牌资产没有匹配，再享受红利比较困难。

莱绅通灵曾斥资打造了一款IP影视剧《克拉恋人》，并将品牌资产（突显钻石这个品类）与剧本进行嫁接，同时将开发的新款产品与主角进行匹配。在影视剧的红利期结束后，仍然被用户记忆而实现产品的动销。爱丽丝珠宝赞助《爱丽丝梦游仙境2》进行IP产品的授权开发和植入，就是成功的例子。这个品牌与IP影视剧有天然的强关联性。

港福珠宝也曾借助《变形金刚5》打造了荣耀系列IP产品，但是产品的造型、寓意与影视热点《变形金刚》IP内核匹配度不够，未能广为人知；赛菲尔借助《神奇马戏团》开发的系列动漫形象IP产品，因为《神奇马戏团》的内容不被大众广为熟知，对产品的火爆缺乏助推。

借助热点影视剧开发火爆的IP产品，有两个要点：

· 这个IP要热，热到其形象与符号的象征意义被目标用户所熟知。

· 这个IP要与品牌有很好的关联性，这个关联性包括产品造型、名称、寓意和产品在剧中出现的次数，或者品牌特性与IP有一致性或强关联性。

（四）新IP：巧妙借用场景和文化

不仅生产企业可以打造IP产品，零售企业也可以打造IP。这种IP不是具体的实物产品，而是非物质性的文化产品，诸如仪式感就是IP。这些仪式感就是场景体验，体验的场景有生活场景、爱情场景、纪念场景、节日场景。如图3-4所示。

图3-4 嘉华婚爱珠宝的"拜月老求姻缘"场景

在中国传统婚嫁中，父母会赠给女儿九样生活用品，如尺、算盘、绣花鞋、剪刀、梳子等。这也是仪式感很强的IP，香港金至尊珠宝据此开发的婚庆九宝手链就是一款IP产品。如图3-5所示。

图3-5　金至尊婚庆九宝产品

在山东，有的珠宝店铺专门为购买了金筷子、金碗的新人策划了一个仪式，由新郎将金筷子、金碗送给新娘，寓意给她一辈子的保障、一辈子的幸福。这些IP仪式承载人类美好的情感寄托，能自带话题，可以圈粉并完成自我推销。

星光珠宝集团旗下所有的门店都在开展"求婚告白""掌上明珠谢亲恩"等场景IP，这些具有深刻体验的仪式感服务，不但承载了人类美好的情感寄托，也自带话题，圈粉无数，同时也可以自我推销。这些仪式场景就是零售企业的IP产品。

不仅如此，星光珠宝还经常发动导购员开展产品编织的创新，一样打造原创IP实体产品。比如"宝宝辟邪神器""腰缠万贯"产品，还有七夕火爆全国的"青丝编织金貔貅"手链产品，都是零售终端企业自创的IP实体产品。这些产品都是结合使用场景或节日场景打造出来的新IP。

三、产品溢价：从成本价格到场景价格

随着消费升级和新生代消费者快速崛起，不太在意成本价格的新生代消费者，慢慢开始接受场景价格。

什么是成本价格？就是进货成本加上毛利率得出来的零售价格。什么是场景价格？就是为产品设置特定的场景，并根据这个场景来调高产品的零售价格。

Beloves 定制的产品是消费者值得纪念的场景（比如红酒杯、旋转木马、莲花、火车票，都是恋人相识相知的场景），是不是价格就会高出很多？这些场景能提供附加值，可以让产品价格更高一些。如图 3-6 所示。

图 3-6　Beloves 定制的产品是场景故事，收取的是场景价格

周大福的福星宝宝多年来一直畅销，无论是财富宝宝、智慧宝宝还是健康宝宝、快乐宝宝，都是消费者最希望的生活和工作场景，不仅替消费者表达情感与愿望，更是卖出了场景的高价格。如图 3-7 所示。

场景价格 = 成本价格 + 场景的附加值（工艺、文化、故事、IP 的价格）

通俗地解释，场景价格消费就是消费者在某种场景下愿意以相对较高，但能消费得起的价格买下代表自己情感表达的产品。这里面有两个价

图 3-7 周大福的福星宝宝、周生生的守护、潘多拉的红唇、
通灵的心花系列都是场景产品

格含义不一样:一是相对价格,指的是毛利率相对较高;二是绝对价格,指的是产品的最终售价,消费者能买得起。如图 3-8、3-9 所示。

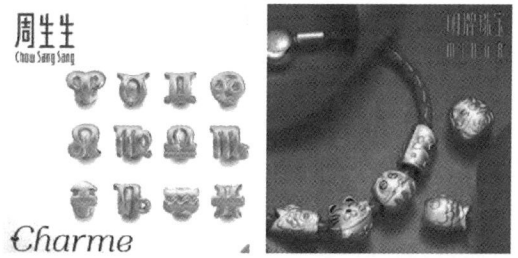

图 3-8 周生生星座串珠与明牌珠宝招财手链(招财猫与锦鲤)

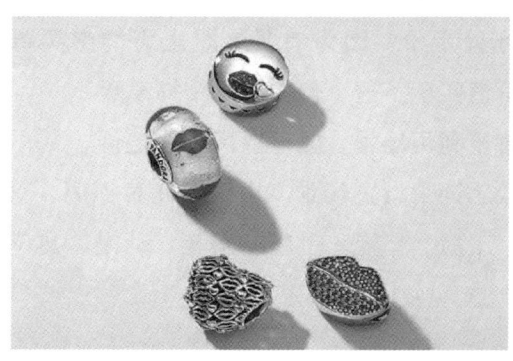

图 3-9 潘多拉红唇场景

看到周生生的十二星座，你会想到各个星座的文化与场景；看到招财猫和锦鲤，你会自然联想到发财与富足的场景。看到产品就会想到场景，产品就可实现场景价格。同样，在产品推广时附加简介说明，告诉消费者产品匹配的场景，这是场景选择引导。如图3-10所示。

图3-10　场景选择引导

为什么现在的3D硬金产品、22K金流行，而且可以按件销售？因为新生代消费者愿意"为感觉买单"，能接受场景价格。一件22K金产品总价在1000~3000元，你能消费得起；如果换算成重量，每克差不多600元。对于商家来说，利润大幅提升；对于消费者来说，产品的文化让我愿意消费，它就是我的最佳代言产品。

价格和成本无关，和价值有关。场景价格就是价值背书。

为什么可以场景定价？因为消费者愿意为情感买单，愿意为感觉买单，实际上是为价值买单。这个价值就是精神享受。

所以，只要善于利用场景，就可以用场景定价。

学会用产品或店铺来设置场景。求婚、儿童抓周、会员生日都是空间设置场景的题材；王后、皇冠、星座、宗教、动漫、热门影视剧都是产品场景设置的题材。

四、设计师进化：独立设计师与产品经理

在中国珠宝行业，产品设计同质化严重的根源有两个：一是产品设计师还没有真正独立，收入不高，积极性不高；二是首饰企业产品研发投入不到营业收入的1%。

据媒体报道，中国珠宝首饰行业研发投入规模和营业收入占比普遍很低，收入是几亿元或者几十亿元，产品研发投入多在百万级别；周大福、潮宏基、老凤祥等少数公司研发投入较大，其中潮宏基研发投入规模最大，为0.8亿元，老凤祥研发投入规模为0.4亿元。但与几十亿元、几百亿元的营业收入相比，实在太低。最高的潮宏基，研发费用为营业收入的2.8%。

从研发人员状况看，潮宏基研发人员数量最多，为336人；其次是金一文化和赫美集团，分别为254人和200人。从研发人员占比看，明牌珠宝占比最大，为9.2%；其次是赫美集团和爱迪尔，分别为8.2%和6.0%。

企业研发投入低，不但造成设计师的收入低，也造成大量款式滞销，产品需要重新熔化或改款，导致严重的资金占用和产品库龄过长问题。

消费者对个性化的需求，对珠宝首饰的设计提出了更高的要求。这将倒逼设计产业链的变革与新生。我的判断是：**珠宝首饰设计将向两个方向演变：一是设计师的自立门户；二是依附于品牌的设计师进化为产品经理。**

微信、抖音等社交平台催生了社交电商，个性化消费也催生了珠宝设计师品牌，有实力、有想法的设计师完全可以脱离企业，自行开办设计工作室，借助电商渠道为消费者提供一对一的个性化产品定制服务，或者借助星设汇、梦工厂等独立的产品研发链平台开展珠宝首饰的设计、研发和生产服务。

上海星设汇定位于珠宝设计师的创想平台，以推广独立珠宝设计师品牌及设计作品为出发点，目前已携手多位国内外新晋珠宝设计师共同打造珠宝时尚汇聚地，给大众以独特、新颖、稀有的珠宝设计及定制体验。如图3-11所示。

壹角儿工作室 by 杜冰

荣获法国艺术插图大奖的
童话珠宝跨界设计师
"珠宝是灵魂的另一种诉说方式"

Mandy Jin by 金忆乔

至简至臻至朴的艺术珠宝创作人
"采用原物料呈原来质感为亮点
追求自然本质。"

YIN by Ayur & Dora

两位前4A公司奢侈品公关的营销女们
变身时尚珠宝设计师
"镀金即是真理、极简即是经典、
精妙即是神韵。"

井口美一

自由给玛瑙上色的
日本魔术设计师
"将玛瑙变成世上最美的艺术首饰。"

PANCHOO by Panchoo Mahak K

重塑色彩
的纽约帕森斯设计师
"Color she desires."

子乙田 by 李艺蕾

拥有中国古典主义情愫的
留英珠宝设计师
"源于自然，归于本真。不忘初心，方得

图 3-11　上海星设汇部分独立设计师展示

星设汇不仅开发了 App，还开发了微信小程序，在上海黄浦区建国中路 25 号八号桥 9 号楼开设了一家线下预约体验店，为喜爱原创设计的高级用户提供私享试戴和交流服务。

未来，独立的设计师不再是设计师角色，而是产品经理角色，因为他们要对产品的销售负责、对粉丝负责。这是第一个趋势，设计师的自我独立和角色转变。

第二个趋势是，珠宝品牌不但要适应"产品替消费者表达"的新需求，还要"靠 IP 产品安身立命"，就必然加大产品研发的投入。同时，品牌的首饰设计师将升级为产品经理。

设计师只对产品设计负责，产品经理不但对设计负责，更要对产品的销售负责。这是二者职责的主要区别。

对产品销售负责，就要洞察消费需求、产品研发和产品定价及产品推广策略的制定。产品经理的收入和产品销售挂钩，将极大地调动设计师的积极性。

设计师原来只考虑款式是否好看、个性，而产品经理首先要考虑是否畅销，畅销要考虑的因素很多，比如时尚度、材质、价格、寓意等，所以这两个职位的关注点是不一样的。在很多行业，产品经理都是由老板或者技术骨干担任，比如微信的产品经理张小龙，就是技术骨干。

在 IT、游戏、服装、家电行业，产品经理大行其道。而珠宝行业的意识刚刚萌芽，时代进步和新需求叠加，将催生珠宝设计师向产品经理升级。

珠宝品牌或生产工厂不转变这个观念，设计师就会另立门户。阿里巴巴进军深圳水贝为设计师赋能，就是依托阿里巴巴 IT 系统，让设计师直接与消费者见面，减少品牌对设计师的盘剥。其赋能就是干掉中间商，自己当服务商，间接提高了设计师的地位，增加了商业转化的机会。

观点摘要

1. 新产品的三个方向：替消费者表达、场景价格、超级IP。

2. "设计师自我表达"是设计师考虑自己的兴趣、爱好、个性和特色，带着这个目的来开发产品；"替消费者表达"就是设计师洞察目标消费者的价值观、需求和使用场景，用产品替消费者表达品位、个性、情感、希望等。

3. 珠宝超级IP产品是经过市场检验的可以承载人类情感的符号。凡是能表达这些美好情感的，以物质形态呈现的产品或非物质的文化产品（比如文化仪式），都是IP产品。

4. 价格和成本无关，和价值有关。场景价格就是价值背书。

5. 珠宝首饰设计师将向两个方向演变：一是设计师自立门户；二是依附于品牌的设计师进化为产品经理。

第四章

新零售

一、消费升级与珠宝消费新趋势

经济发展助推消费升级,消费升级倒逼传统珠宝零售变革,向新零售进军。那么,什么是消费升级?珠宝消费升级的特征是什么?

(一)消费升级的底层逻辑

一般来说,消费有三个层级:第一层级是注重物质享受,讲究的是功能与效用;第二层级是物质与精神享受并重,讲究的是服务与美,服务和美就是精神享受;第三层级是注重精神享受,讲究的是身份识别和刺激(爽)、好玩、有趣,值得纪念。马斯洛的需求理论说的也是这个意思,从底层的生理需求到精神需求就是消费升级。

比如黄金消费,20 年前只能从人民银行和打金匠那里购买黄金,没有品牌,是黄金就行,注重物质;10 年前购买黄金,会选择周大福、金至尊、老凤祥、明牌珠宝、老庙等,注重包装与品牌、服务,讲究的是品质;现在大家消费黄金,除了品牌外,还看产品的 IP、文化寓意、款式的时尚度,注重文化和设计感,讲究的是品位。

原来注重的是物质消费,比如吃饭、穿衣等,这个支出比例较高;现在非物质消费支出比较高,比如 K 歌、玩热门游戏、旅游、蹦极、坐过山车、看电影等。这些多是精神享受,也是消费升级。

消费升级就是由基本消费到品质消费,由物质消费到精神消费,由显性消费到隐性消费。也就是消费递进:从物质消费到物质与精神消费并重,再到精神消费。

随着消费升级,尤其是进入休闲娱乐时代,精神需求这一隐性消费需求被激发,消费者需要产品、店铺提供体验和社交等精神享受。

体验性:个性、爽、好玩、超值服务;新营销:仪式感、荣耀感、时代感、代入感、参与感,就是满足体验性;社交性:和不同职业的同身份的人一起玩,并认识更多的人。

(二) 商业变革与珠宝消费新特征

商业变革:商业由消费者主导。

在产品供大于求、渠道分散化和品牌可替代化的背景下,消费者主权时代来临!消费者不单单是购买者和使用者,还是媒体人(评论你的好与不好)、生产参与者(定制产品或众筹产品)、创造者(对产品或服务建言献策、告诉品牌他的需要)。这些角色就改变了商业交易原则:连接用户,建立强信任关系,从深度分销到深度粉销。

商业霸权让渡给消费者,品牌、分销商、零售商都在争抢消费者。争抢C端将是一个长期的争夺战。

消费趋势:从作秀消费到个性消费。

消费升级最典型的表现是,品牌推出新产品,竞品不再拼价格,而是拼定位、拼个性、拼差异化,结果消费者还认。比如特仑苏、金典、纯甄等发酵奶;快消品的乐虎、江小白、全棉时代;珠宝业的莱绅通灵和IDO、MLE超级钻戒等。

从2002年到2012年,中国人奢侈品消费位居全球第一。

从2013年开始,消费者升级。一是因为中国新四大发明(高铁、电商、在线支付和共享单车)引领国人的国家自信;二是国产品牌纷纷走出国门,引发国人的国产品牌自信。目前,对于金领阶层来说,由追求奢侈品向追求舒服、个性转变。

新中产刚刚崛起,但是他们理性多了。因为房、车、教育的投资都比较大，他们的消费则是"面子里子都会要"，会选择一些轻奢品牌（比如哥弟、帝舵、全棉时代），或者国际品牌中的低端产品（比如国产宝马和国产奔驰），来标榜自己的新中产地位。

在这个背景下，黄金珠宝的配饰消费（根据服装和出席场合来选购相关首饰进行搭配称为配饰消费）、自我奖励和情感表达，逐渐成为珠宝行业的重要消费理由。这就导致两个现象：一是珠宝材质混搭；二是轻奢消费。

为什么混搭类珠宝产品越来越多、越来越畅销？因为它满足了配饰消费主流，满足了场景价格。

轻奢消费的表现有两个：一是一线珠宝品牌如周大福、周生生的按件类产品会非常畅销，它满足了新中产的需要（品牌不错，总价格不高，可以消费得起）；二是这些个性新锐品牌都会得到金领阶层和新生代消费者的青睐。只要你的产品有特色、有个性，符合场景价格，一样会畅销，粉丝将横跨社会阶层，既有金领，也有中产阶层和一般消费者。比如珠宝类的潘多拉，生活类的全棉时代、无印良品，即饮类的喜茶等。

（三）珠宝消费新趋势

除此之外，珠宝消费还有两个趋势值得行业注意。

一是销售的淡旺季不太明显。过去 10 年，春节、五一、国庆等重要节假日，珠宝消费比较集中，可以占到全年销售额的一半以上，销售淡旺季比较明显。从 2013 年至今，这些重要节日的销售占比下滑到全年业绩的 1/3 左右。珠宝销售的淡旺季不太明显了。

而且随着休闲经济的助推，这些重要节假日消费"节前旺，节中淡"的趋势越发明显。比如国庆节是 7 天假，9 月 30 日和 10 月 1 日会比较旺，10 月 2 日到 10 月 7 日一天比一天淡，大家都去休闲旅游了。

二是表达情感的节日和周末配饰消费，成为珠宝销售业绩的新支撑。母亲节、"520"、七夕节、情人节、圣诞节，因为是情感表达的节日，情感表达和自我奖励因素得到充分释放，珠宝消费十分旺盛，约占全年销售业绩的 1/3。周末消费旺盛，多半是配饰消费在支撑周末的珠宝消费。

针对这些消费变化，珠宝行业要调整营销资源，重点抓住节前消费高潮，设置各类场景营销，满足消费者对配饰消费、自我奖励、情感体验的新需求，以及借助IT、数据挖掘技术，在周末开展各类会员活动，全方位连接顾客，以抢占客流和销售业绩，就是向新零售进军。

二、珠宝新零售的特征与未来趋势

到底什么是新零售？

我的理解是：以用户为中心，以体验为核心，靠数据驱动的泛零售业态就叫新零售。

（一）新零售与传统零售的区别

很多老板说，传统零售也是"以用户为中心"，不然怎么做生意？那么问题来了，新零售提出的"以用户为中心"与传统零售的"以用户为中心"的逻辑有什么不同？是什么导致了这个差异化？

在传统零售阶段，企业"以用户为中心"进行品牌、产品、服务和空间的布局，背后的逻辑是卖货思维，即一切以产品经营为中心，所有的考核都围绕产品销售业绩进行。当然，这本来就是商业的逻辑。

而新零售的"以用户为中心"的背后逻辑是用户经营，即一切围绕顾客满意为中心，所有的考核都围绕顾客是否满意来进行。在传统零售阶段，为了经营业绩达标，在某些时候是可以短期牺牲顾客满意度的，比如玩算计的促销活动、专门的售后服务中心来消除顾客的不满。而新零售则相反，为了顾客满意度达标，在某些时候可以短期牺牲业绩目标，会专门成立会员服务中心，不断为顾客做贡献。

顾客满意度与产品经营是商业的一体两面。新零售与传统零售的本质区别就是看这两个要素谁更优先。用户满意优先的就是新零售，业绩优先的就是传统零售。

（二）珠宝新零售的三个特征

其实，珠宝新零售和新营销是一个问题，反映在营销上是新营销，反映在零售上是新零售。它是一个全新的操作系统和思维理念，绝非局部的改良与变革，而是全方位地颠覆与重构商业模式、组织架构及运营体系。

1. 深度连接顾客

如今，珠宝零售首要解决的问题是客流分散和消费漂移问题。线下金店多过米店，终端代理的品牌厂家纷纷进驻天猫、京东等电商平台，以及尝试社交电商，渠道碎片化，极度分散，导致客流极度分散。

珠宝消费频点比较低，再加上消费漂移，首先要深度连接用户。这个连接是全方位的，除了产品连接，还要有情感连接、活动体验连接，除了线上连接，还要线下连接。

总而言之，珠宝零售必须制造新的连接器来不断连接顾客，以价值贡献开展用户关系经营，以锁定漂移和培养品牌忠诚度，奠定长期交易的基础。

（1）跨界经营

蒂芙尼、中国黄金、世纪缘、龙泽润宝、宝隆和、全爱工匠、星光珠宝等很多珠宝零售店开始了跨界经营的探索。跨界经营的目的就是提供新的生活方式，为会员提供新的服务贡献，从而源源不断地连接老用户和潜在用户，即拉新和留存。比如开设咖啡吧，增加鲜花经营、美甲及婚纱摄影、求婚告白仪式服务，甚至还有儿童游乐服务区。

（2）会员服务中心

以"用户关系经营"为中心，会倒逼很多珠宝零售企业开始成立真正意义上的会员服务中心。安徽星光珠宝的"星尚会"和河南金鑫珠宝的会员服务中心，就每天思考如何为会员提供超值服务，很多服务都是情感连接而非产品连接，比如周末观影、旅游、亲子活动、生日会。不像以前的会员中心，仅仅是积分兑换和信息联络。

未来的趋势是：会员将分层，并会收取不同的会员费，不同的会员享受不同的待遇。

为了24小时即时响应顾客，智能化的CRM（会员管理系统）将会大规模地应用，微信小程序、微信社群等社交工具，以及人脸识别、红外感应技术、服务机器人、VR、AI技术也将成为珠宝零售的标配，既可以实现会员服务的管理智能化，又可以沉淀顾客消费数据，反过来指导店铺经营。

（3）场景体验

求婚告白、新人证婚、珠宝课堂将是珠宝新零售的标配场景。这些场景既是新连接器，也是以享受的名义来浪费顾客的时间，让顾客体验品牌特色、产品特色、服务特色。星光珠宝、鲁滨金店、富豪珠宝、龙泽润宝等很多珠宝零售店铺已经践行这些场景，取得了良好的效果。

场景体验也会倒逼珠宝零售终端进行空间的改造。传统的珠宝店铺是卖货思维，所以会最大限度地进行货品的陈列。柜台超多是传统珠宝零售的空间特点。未来，珠宝新零售是用户关系经营，在售卖专业产品的同时，在卖场附加新的生活方式，以满足用户新消费需求。其空间将围绕顾客的舒适性、专业体验来展开，水吧、多功能活动场地、休闲区域是珠宝店的标配。

2. 线上线下协同增效

新零售讲究的是效率，效率来自协同。珠宝新零售的协同将是以下几个方面：

（1）店铺的协同效应

未来的珠宝店铺将是全渠道的店铺，实体店、数字化的微店、直播社交店铺将会逐渐出现。在顾客出现的各个场景，都会有不同店铺和员工进行拦截、交互、服务，目的是提高交易效率。还有一个协同是企业不同店铺之间的协同，比如一家企业有三个品牌专卖店，这三家店铺可以互相推荐目标消费者。

（2）服务的协同效应

社交工具、实体服务空间、会员服务体系（CRM）、智能设备也一样协同跟踪、记录顾客的消费轨迹、生活习惯，从而精准地为每一位会员提供贴心、精准的个性化服务。

（3）生产的协同效应

在零售终端，有了数据化的设备和技术，顾客可以深度与店铺、品牌商便利地交流，提出自己的需求，品牌企业或店铺可以整合工厂、3D打印技术为顾客提供个性化的产品。也就是说，产品的生产可以从用户到工厂的反向定制。

一句话，未来的店铺都是智能化的门店。门店不仅是产品销售的载体，更是休闲体验、社交娱乐、产品开发的载体。

3. 从管理到赋能

深度连接顾客，线上线下协同，是珠宝新零售运营的需要。在未来，珠宝新零售的管理将有两个变化：

一是店铺管理的重心由销售业绩优先向顾客满意度优先转变。这一点，已经开始在鲁滨金店、龙泽润宝等零售企业实践。其他行业如盒马鲜生、海底捞、西贝莜面村、小米、孩子王等企业已全面铺开，也发挥了巨大威力。

二是组织原则从管理到赋能转变。毕竟 90 后、00 后不仅是消费的主力军，还是职场的主力军，他们追求平等、尊重、平台机制。原来金字塔的组织架构是出于管理的需要，现在为了向"赋能"转变，组织原则就是"大平台、小组织"。

"大平台、小组织"即量子管理和阿米巴经营，也就是"让听见炮火的人来指挥炮火"。

山东鲁滨金店就把店铺作为员工的大平台，一线员工打破柜组限制，所有的品牌都可以销售；打破上下班限制，员工可以随时随地销售产品，亲朋好友都可以帮你销售；这个店铺就是你的店铺，收入和利润可以和你单独核算；甚至还可以申请开设一家实体店铺，你负责选址、招聘和运营，公司来开店，你与公司签订对赌协议，交够公司的，剩下的利润全部是你的。

管理与赋能的区别：

管理：自上而下规范。因为相信人性本恶，所以需要系列制度来约束规范，防范风险。

赋能：自上而下支持。因为相信人性本善，所以设计制度来赋予决策机制，刺激拼搏。

如何为员工赋能？

（1）决策赋能：价格与服务决策由领导决策到员工自己决策。

价格决策机制：卖什么价格拿什么样的提成，挣多挣少自己说了算。

服务决策机制：发现需求，自己提供，服务才能拉新留存与转化，才有良好的业绩。

有了这个决策赋能，店铺就成为员工挣钱的平台，刺激员工为实现自己的目标而奋斗，间接实现店铺的目标。员工为了实现自己的目标，就会在制度的规则下进行自我管理。

（2）情感赋能：尊重平等。

大家想一下，在单位，天天称呼王董、李总、刘副总、高经理、江主管，还是称呼迈克马、杰克刘、艾伦张、彼得王、风清扬、逍遥子、天机、天璇，哪个更让新生代接受？哪个消除了距离感？

花名文化就是尊重与平等，在未来，花名文化将会渗透到珠宝店铺中。

（3）新生代员工的反向赋能。

现在的珠宝零售企业，管理者多是60后、70后和80后，而现在的消费主力军和职场主力军都是90后、95后。90后、00后是智能时代的原住民，对各类新工具的应用得心应手，更了解他们这一代的消费者和同龄员工。

所以，珠宝零售企业的高管也要向这些新生代员工学习，让他们向管理层赋能，主要是新技术、新工具的应用，新管理、新营销与新产品选品的高度参与。

已经有零售企业实施这样的反向拜师活动，即每名高管要拜几名新员工为师，向他们学习不同的新知识。结果，这些"新师傅"提出了很多合理化的建议，让高管们很震惊，这些建议实施后效果更是惊人。

三、珠宝新零售落地的三个关键

珠宝新零售落地的关键点：

（一）新零售要"以人为本"

在经营上要"以用户为中心"，开展"用户关系经营"，确保顾客满意；在管理上，要以新生代员工为中心，开展量子管理，也就是"大平台＋小组织"。这个小组织也是自组织，是指员工或员工的亲朋圈子。平台是指企业或店铺、柜组，让企业成为员工快乐挣钱的大平台。

这里有一个逻辑，谁离顾客最近？一线员工！谁能确保顾客满意？一线员工！所以，我们要落实新零售的"用户关系经营"，就要在制度上为一线员工赋能，在价格和服务策略上，让一线员工自己说了算、自己决策。员工为自己负责，就是间接为公司负责。如果员工不能决策，挣不到钱或者不开心，顾客满意是句空话。一线员工才是品牌代言人。

要利用制度为员工赋能，员工满意了，才会激发他们的服务意识，才能确保顾客满意。顾客满意了，新零售才能扎根。所以，我们的组织架构、管理办法、服务意识都会发生变革。

（二）新零售要善于利用新工具

微信、抖音、小程序、CRM 都是新工具，珠宝行业要善于利用。利用工具的目的就是提升效率，用数据为门店赋能、为员工赋能。不仅如此，还要利用新工具发育营销职能（营造信任就是营销的职能）。

换句话说，新工具的使用原则是用户思维，就是借助这些工具为用户做贡献，而不是骚扰。不是说有了 App、CRM 系统，有了官方微信、小程序、抖音，顾客就会选购你的产品。这些工具只是提升效率的工具，你要用它强化与顾客的沟通与贡献。还是那句话，傻傻地做贡献，培养顾客的强信任关系，静待美好发生。这叫大智若愚！

（三）新零售将营销资源重点配置在消费端

在传统零售阶段，我们的营销资源配置基本为 7∶2∶1，即 70% 配置在广告上，20% 配置在门店的氛围上，只有 10% 配置在消费者身上，这是典型的"产品经营"思维。新零售是"用户关系经营"，所以，这个营销资源配置要反过来，就是 1∶2∶7，即 70% 配置到消费者身上，20% 配置在门店氛围上，10% 配置在广告上。

大家想一下，每家珠宝零售企业的营销费用，少的几十万元，多的几百万元，是不是 70% 都用在了广告上？其中有 50% 浪费了，你还不知道。不仅没有培养顾客的强信任关系，还培养了行业的恶性价格竞争。

你把钱花在顾客、会员身上，就会发现你的营销费用减少了，业绩还会持续提升。我们以县城市场为例，一家门店做一次广告，起码在20000元左右，能来多少顾客，心里没底。如果改为10场为顾客做贡献的活动，每场活动邀请40人，花费2000元，则20000元可以邀客400人进店，还建立了信任关系。

星光珠宝集团的广告费大幅下降，为什么门店的销售还能每年逆势递增？就是把营销资源重点配置在消费端，傻傻地为顾客做贡献，培养会员的强信任关系。只要买珠宝，他们就会来星光各门店。这就足够了！把营销资源重点配置在广告端还是消费端，是新旧零售的区别。

珠宝新零售目前最理想的营销资源配置比例是**5∶3∶2**，就是消费端配置**50%**，门店氛围配置**30%**，毕竟要开展场景营销，这个费用少不了。

20%配置在广告端，还要做一定的传播。当你和用户建立了强信任关系，就可以借助新工具来向会员广而告之你的活动。那个时候，才能实现7∶2∶1的理想状态。

营销资源配置重点在广告端，弊端是费用浪费且竞争对手快速跟进，市场会陷入恶性竞争；重点配置在消费端，好处是老会员复购率大幅提升，而竞争对手不知道你的活动，却发现你的店铺突然顾客盈门了。这个账，老板们都会算。

四、如何打造珠宝智能门店

为什么要做智能门店？什么样的门店才算是智能门店？珠宝智能门店到底如何落地？

（一）背景解读：外因是消费者驱动，内因是成本优化

为什么要做智能门店？外因是消费者驱动，内因是成本优化。

先看外因：现在主流消费者的组成结构、消费习惯和生活方式发生了变化。

消费者结构：80后、90后、95后成为中国市场的消费主力军，这些

消费者统称新生代消费者。他们一出生就很幸福，生活无忧，直接感受到时代带来的便利和快捷，被称为互联网的原住民，他们消费的底层逻辑从价格敏感过渡到体验敏感。

消费习惯：一是追求个性化消费；二是碎片化购物，全渠道消费（实体店、电商都消费）；三是消费主权崛起，消费漂移，品牌忠诚度大大降低。

生活方式：消费者的生活方式是线上线下有机融合，坐在沙发上刷朋友圈或浏览商品，人是在线下，社交和购物却在线上。在线成为生活方式（这个在线包括社交、学习和购物），在休闲中购物也是生活方式。换句话说，休闲时代下的购物是碎片化的、个性化的、随机性的、享受性的。

而很多行业的传统门店无法满足消费者的这些新需求，做不到个性化产品供应、全渠道购物支持、制造体验性消费场景、碎片化服务沟通。这是消费者驱动。

再看内因：现在什么最贵？人力资源成本。目前，95后大量融入职场，对传统管理的叛逆，对新生事物的热情，对自由平等及高薪的追求，导致如今用人成本居高不下，部分基层岗位还出现了"用人荒"。不仅是制造业流水线上的工人，餐饮、零售等传统店铺的基层人员，如传菜员、导购员、收银员也很难招人。

竞争越来越激烈，利润越来越低，迫使门店加大了对移动互联技术和智能设备的应用，让收银、迎宾和后台的客服人员大量下岗。这些技术不但更智能、更贴近消费者，还大幅降低了人工成本。这是成本优化的驱动。

消费者驱动和成本优化，成为传统门店智能化改造的内在逻辑和动因。

（二）改造目标：连接器、提效率、降成本

为什么做智能门店？对外：满足消费者的新需求，增加客流和品牌黏性，提升体验感和绩效；对内：跟上时代步伐，借助新技术降低运营成本。

智能门店的目标就是打造超级连接器。原理：通过人、货、场的重构，借助新技术新设备，优化体验并借此不断地吸引客流、沉淀用户，培养用户对品牌或渠道的偏好。作用：在不断提升效率的基础上，大幅降低

运营成本。

由此可以得出以下结论：

智能门店要能吸引客流，凡是能够吸引客流的设备、设施及场景、活动，都是智能门店的构成部分。

——引流是智能门店的第一特征。

智能门店要能强化用户对行业、产品、品牌的独特体验，能提供独特体验的场景、人、货和设备，都是智能门店不可或缺的要素。

——强化体验是智能门店的第二特征。

智能门店要能对用户消费习惯和个性化的需求进行数字化的记录和挖掘，即通过消费数据分析来满足消费者个性化的需求，同时指导门店的运营和管理。所以，能够记录用户消费习惯的新技术、新设备是必不可少的。

——数据挖掘和利用是智能门店的第三特征。

智能门店要借助新技术新工具，大幅提升采购、营销、销售、支付和售后服务的效率，大幅降低运营成本。

——提升效率和降低运营成本是智能门店的第四特征，也是核心。

（三）如何落地：重构"人、货、场"

首先，重构"场"（场地和场景），让"场"丰满起来，智能起来。

传统的珠宝门店只有实体的场（店铺），缺乏的是虚拟的场（数字化店铺）和体验的场（场景），既单一又缺乏交流互动，所以无法吸引更多的客流。吸引客流基本上还是靠实体店的自然流量和营销活动拉来的流量。

流量是商业的根本。不管是互联网＋还是＋互联网，线上线下融合的目的就是为了拦截流量。因为消费者随时可以在线上线下自由切换空间，只有线上线下交互才能捕获更多的流量。

所以，珠宝智能门店要重构四个"场"：

（1）卖货的场

门店的第一职责是销售，消费者的消费习惯是线上线下随时切换的。所以，智能门店就是要组建全渠道的店铺（实体店＋微店＋社交店），让线上线下一体化。

具体做法就是利用微信小程序开设微店和社交店，与实体店一起构成店铺矩阵。增加社交微店或小程序店（将线下店部分商品和服务搬到线上），主要是让用户随时看到你、找到你。

——构建全方位卖货的场，可以借助第三方的系统，比如深圳零成本科技公司开发的珠宝智慧零售云平台，就帮助珠宝店铺解决线上线下管理和营销两大问题。

（2）体验的场

即门店要在实体店设置一些与行业相关、与品牌相关的具备超强体验感的场景或高科技的设备。这些场景和设备就是为了增加消费者的体验感和兴趣感，目的是强化品牌识别、渠道依赖和用户留存。

与行业相关的体验：珠宝店铺的求婚告白场景、新娘婚礼的场景、星座与珠宝的场景，比如试试20千克的金砖有多重的场景，珠宝首饰的镶嵌、编织、打磨等制造场景；借助VR和AI，体验产品产地和试用场景。

有趣的互动体验：店铺的橱窗里面设置了很多产品盒子，消费者只需要扫码，付很少的钱就可以随机打开一个盒子，领取里面的超值礼品。进店后会有扫脸设备，告诉你"颜值就是打折特权"，根据颜值分给予不同的优惠，颜值越高折扣越低。

总而言之，就是利用高科技、黑科技，结合行业和品牌、产品特色，在店铺里面设置有趣的体验场景。这个场主要为店铺引流并沉淀用户。

（3）情感连接的场

为了锁定消费漂移，门店除了重构卖货的场和体验的场之外，还要建立与消费者情感连接的场。具体做法是，用社群工具（微信服务号、会员群）将用户大规模地组织起来，与他们线上线下互动交流，做价值贡献。这个场主要进行情感连接，留存用户对品牌、渠道的美誉度和忠诚度，防止用户过度漂移。

（4）智能化的场

不管这个场是实体空间还是虚拟空间，都必须智能化。这个智能化就是可以采集用户消费数据并自动对数据进行分析，以洞察消费偏好或开发新产品。不管是红外感应器、微信端的CRM（会员管理系统）等技术，还是智能体验设备、收银或引流设备等硬件。

其次，改造"货"，让智能门店的"货"更匹配消费者。

货即是货品，这个货品可能是实体产品，可能是数字化的产品，也可能是半成品。

你的小程序店或者微店上面的货品就是图片、视频加文字说明，这就是数字化的货品，包括你的众筹产品模型都是数字化的货品。半成品是指个性化定制的产品或者顾客 DIY 的产品。

智能门店的"货"如何更匹配消费者的消费习惯呢？

打造数字化的货品。方法一：成立新团队将实体产品变成数字化的产品，在微信、微店上架。方法二：与上游的产品供应商或品牌商合作，推广这些数字化的产品，满足消费者对商品的在线选购。比如珠宝行业的翠花（App）翡翠销售平台、家电行业的海尔顺逛商城（App）、IT 行业的小米小店等。

有了数字化的产品，才可以满足消费者碎片化在线选购，员工也可精准地进行产品推送。

开辟个性化的定制区。线上线下为消费者提供定制的平台，满足用户的个性化消费需求。

多采购一些具有 IP 性质的半成品，让客户自由搭配。比如盒马鲜生让消费者自己选择食材，珠宝行业潘多拉的 DIY 珠串创意搭配等。

最后，要发挥"人"（营业员）的智能。

也就是说，利用新技术，配备智能设备，让员工也智能起来，随时随地为用户服务。

确保员工服务在线。就是要利用社交新技术，比如小程序，像孩子王一样让门店的员工时刻在线上，用户可以随时随地找到员工。传统的门店是到点下班，下班后员工无法再提供服务，用户也很难找员工进行咨询，缺少一款连接器，这款连接器就是微信小程序或微店。

为员工配置智能设备或软件技术，让员工服务更智能，用户体验更好。比如购买 3D 打印机、使用微信 CRM（会员管理）工具等；可以取消收银岗位，变成导购员收款，不但节省成本，收银效率也更快。

数字化店铺和智能化管理技术，就可以让员工或者会员开展货品的分销推广。店铺不仅成为员工挣钱的平台，更成为自己管理自己的 CEO。

五、案例解读：周大福都这样卖货了，你要不要试一试

从 2017 年开始，不仅短视频火了、直播火了，基于直播平台的直播店也开始成为新的风口。比如杭州的四季青服装市场、广东的四会翡翠市场、河南镇平的白玉市场，很多原来的批发商户纷纷变身直播店店主，一部手机就可以直播卖货了。

不仅如此，作为珠宝业界的品牌老大，周大福在 2017 年和湖南卫视也做了一回试水。电视直播卖货，一个小时内销售了 100 多万元的货品。由此可见，直播卖货将成为一个商业模式，直播店会成为新零售的新业态。

（一）直播店缘何会火

在这些直播店中，最火爆的莫过于淘宝上的直播店了，培养出了很多网红店铺、网红品牌。尤其是深圳的批发商，一看这么简单，不就是在直播平台上开个账号，自己也开了个直播店。于是，我发现很多朋友都开设了直播店，进去捧场，结果只有几个人在观看。

其一，直播时，视屏的体验和交互感更好，更符合当下的消费习惯：所想即所见，所见即所得。不可否认，随着 5G 的商用，短视频和直播将是下一个传播风口和社交风口。毕竟 5G 时代的流量费像自来水一样便宜，速度还提高了上百倍。大家不再心疼流量费，再说视频要比语音、文字更有即视感，体验更好。

其二，很多批发商、设计师可以直面消费者，去掉"中间商赚差价"。直播店店主不仅提高了产品的毛利率（原来是批发，现在是零售），不再受制于中间商（零售商或者工厂），还扩大了商圈（由区域变成了全国）。何乐而不为？如图 4-1 所示。

没有人能随随便便成功，商业模式也一样。直播店是店铺的一种，它的成功遵循几个原则，不掌握这些原则就不可能成功。

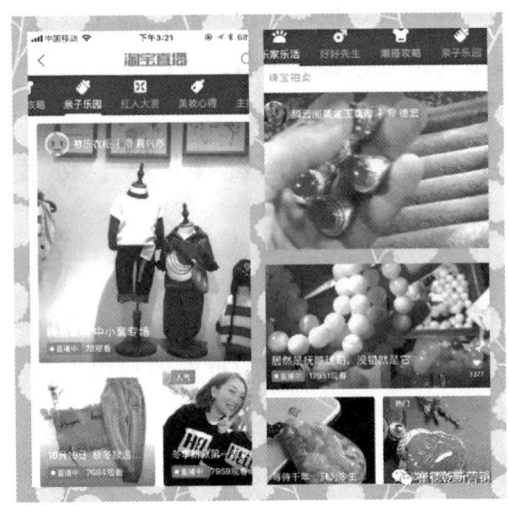

图 4-1 淘宝上的直播店

（二）直播店成功的三个必要条件

第一，学会利用社交平台，积累粉丝。

凡是火爆的直播店，肯定有一定数量的粉丝基础。凯文·凯利说："有 1000 个铁杆粉丝就可以养活你。"无论直播店还是电商、实体店，成交的基础是信任。粉丝就有信任基础。为什么淘宝的直播店都比较火，因为淘宝有一个硬条件：商家必须在微博、微信上有 1 万以上的粉丝，个人直播主必须微博上有 5 万以上的粉丝，且最近 7 天有 1 条微博的点赞和评论过 100，才可以申请开设直播店。

新营销理论也告诉我们，未来营销只有两个方向：要么后向一体化，技术扎根，把用户培养成粉丝；要么前向一体化，把用户培养成朋友。粉丝也好，朋友也罢，都是基于信任和不断的连接与交互。

要做好直播店，首先要有粉丝基础。请记住，信任是一切交易的前提。粉丝是交易的保证。据了解，粉丝的变现支持率一般在 10%，网红的支持率高一些，可以达到 15%。

一定要先综合利用微信、微博、直播平台、抖音等社交平台展示你的能力、兴趣、专业、性格、贡献。目的是大规模地连接用户，并让目标用户认识你、喜欢你，你才能慢慢圈粉。一定记住一个原则，先贡献再变现。不要一开始就急于卖货变现。淘宝上的网红店主都是花了几年时间，在微博和微信上积累了几十万的粉丝数量。

第二，学会利用直播平台，要会交互。

光有粉丝不行，还要有交流和互动。毕竟现在虚拟和现实混为一体，粉丝虽然隔着手机屏幕，但他们感受的是你本人，是活生生的个体，有性格、有能力、有喜怒哀乐。无论是哪个社交媒体都叫社交平台，就是具备交流互动功能。

大家远在千里，没有见过你，不了解你，如何能信任你？所以，你在利用社交媒体圈粉的时候，要学会与粉丝互动交流，只要粉丝喜欢，插科打诨、撒娇卖萌都可以。

第三，学会整合产品研发链和供应链，快速交付产品。

仅仅会利用社交平台圈粉和粉丝互动还不行，还必须整合产品的供应链。也就是说，要保证是真品、个性与货品的快速安全到达。缺一不可。

服装行业的网红直播店之所以火爆，就是整合了产品的供应端和研发端。以产品研发为例，服装行业的新品研发和生产周期慢的要45天，快的要22天，而网红店主的新款从研发到发货只需要15天。毕竟时间太长，粉丝的消费热情递减，甚至会取消订单。

在珠宝行业，你能不能整合产品的研发链和生产链，包括供应链，如物流的能力，决定你的直播店是否会火。毕竟消费者需要个性化的产品、有正品保证、消费体验很棒。购买过程和收货过程都是体验过程，这些都是消费的隐性需求，必须满足。

由此看来，开直播店容易，开一个火爆的直播店不是想象得那么简单。

直播店肯定是未来的一个风口，最适合批发企业和设计师，以及珠宝会所和个性定制化企业的商业模式，也适合所有的珠宝品牌。比如周大福，就可能会开直播店，直播店与电商、实体店构成一个立体的店铺矩阵，充分满足消费者"随时随地购买"的消费需求。

（三）对行业的启发

（1）店铺的形态要多元化。

以前店铺的概念就是两个：一是实体店；二是电商。现在，电商还分化出社交店（内容电商、微店、小程序）、直播店（各类直播平台卖货）。今后，大家要会开这些店。

消费者在哪里，哪里就是商圈，你就要把店开在哪里，这是开店的逻辑。消费者都会被吸引到直播平台、社交工具上，所以为了拦截消费者、服务消费者，你必须会开这些店。消费者要求你的店铺是全渠道的，他在哪里都能看到你。

未来，要学会搭建全渠道的门店矩阵，将实体门店与虚拟门店（品牌或商家 App、社交店、微店、直播店）结合起来，由单渠道向多渠道、全渠道转变，组成服务消费者的矩阵，及时响应消费者，满足消费者随时随地和个性化的购物需求。

（2）店铺的功能与服务边界外延。

毕竟物联网是个混搭连接的时代，店铺的设置和服务不单单是跟本行业有关的项目，也会增加以强化消费者的体验和黏性而设置的项目。比如珠宝店会有咖啡店、美甲区、婚庆表白区；商场会有免费的儿童小剧场、书店；餐饮店内有课堂与表演区。看似不务正业，其实是为了和消费者交朋友，培养对品牌的忠诚度，防止消费者漂移。

未来的门店一定是混搭的，产品混搭、服务混搭、场地混搭，都是为了创造场景和生活方式。未来将会有越来越多有关生活方式的店。

（3）**店铺的在线化，要开发小程序，让你的店铺、商品、员工、服务、管理、社交在线，时刻服务连接消费者**。

你的事情是店铺形态多元化、实体店铺在线化，先收集小数据，再把这些小数据利用好。

收集小数据的前提是五个在线，商铺在线、员工在线、会员在线、服务在线、管理在线。这五个在线只要开发微信小程序即可，小程序就是虚拟社群，将会员与店铺连接在一起，共创共享。

观点摘要

1. 顾客满意度与"产品经营"是商业的一体两面。用户满意优先的是新零售,业绩优先的是传统零售。

2. 传统零售阶段,营销资源主要配置在广告端。70%配置在广告上,20%配置在门店的氛围上,只有10%配置在消费者身上。这是典型的"产品经营"思维;新零售是"用户关系经营",营销资源重点配置在消费端,即1:2:7,70%配置到消费者身上,20%配置在门店氛围上,10%配置在广告上。

3. 消费者不单单是购买者和使用者,还是媒体人(评论你的好与不好)、生产参与者(定制产品或众筹产品)、创造者(对产品或服务建言献策,告诉品牌他的需要)。

4. 配饰消费、自我奖励和情感表达,成为珠宝行业的重要消费理由。

第五章

新传播

一、新传播特性

新传播有哪些特性？

（一）有交互性，才能读懂用户

现在进入消费者主权时代，90后、00后成为消费新势力。"懂我"是这一代消费者的核心需求。有交互性，才能读懂用户。企业要放下身段倾听他们的声音，不断与他们交互，洞察他们的习惯，从而读"懂"年轻消费者的心声。

一是产品交互，即利用产品与用户进行交互。周大福的福星宝宝、通灵的王后系列、潘多拉的手链、施华洛世奇水晶，都是利用产品和用户交互。要么是利用IP产品附带的文化和寓意与用户交互，要么是利用产品款式的DIY和用户交互。

二是活动交互。这个交互既指品牌与用户的交互，也指用户与用户之间的交互。

消费者不仅需要个性化、自带场景体验的产品，更需要场景化的活动体验。周大福的珠宝DIY活动，I DO的求婚告白仪式，嘉华珠宝的皇上证婚、明星真会游，星光珠宝的"遇见20年后的妈妈""老公老公疼疼你""克拉恋人"等体验活动，不仅是体验品牌和产品的载体，还是相同客群的社交平台，用户与用户之间能利用这些平台扩大交际圈，积累人脉。

这样，用户就会从陌生人变为熟人。熟人越多，你就越能抢占用户的时间。微信、抖音、拼多多、小红书这些社交媒体和社交电商之所以能火爆，就是因为你的朋友都在这里。

三是社群即时交互。是指利用社群工具（虚拟社群和实体社群）将用户组织在一起，大家分成不同的圈子，品牌和消费者乃至相关利益第三方在这里即时沟通交流。品牌和第三方主要是为用户做贡献，这样的社群就有温度。用户就愿意在这里消耗时间，因为他们有交友、学习、享受、炫耀的收益。

有很多珠宝零售企业也将会员组织在不同的微信群中，大家在这里交流美食、美妆、育儿、家教及首饰的搭配和保养知识，圈粉无数。

很多品牌的微信公众号发布消息后，就有用户留言评价。就看微信运营者是否第一时间回应，回应是否有趣有用。有回应就有温度！很多公众号和知识星球比较活跃的原因，就是大家能利用这个社群即时交互。

注意：社群交互一定是即时交互才有温度，才能吸引更多的人发表意见，才能消耗用户更多的时间。

（二）广告的场景拦截

世界是公平的。每个人一天都是24个小时，所以，在24小时内抢占用户更多的时间，广告投放就要考虑广告的场景拦截。

开车收听交通信息，就不得不收听里面的广告；乘坐电梯，就不得不听分众传媒的视频广告；看电影，就必须在开影前看几分钟广告；在地铁站、高速公路上，你不得不去看大牌广告；甚至回到小区，小区的起降杆上也有广告，这些都是强制性广告，是品牌在不同场景下的强制性拦截。这个强制性的广告让你不胜烦扰，却无可奈何。

不仅如此，你打开手机的每一个应用，微信、抖音、短视频等社交媒体和腾讯新闻、今日头条，以及网易、爱奇艺都会有广告。时代再进步，媒体再碎片化，基于生活方式的场景都会有广告，这些都是强制性的广告，让你无处可逃。

记住：利用场景进行强制性的广告拦截，广告内容要简单、有趣、有场景感（视觉感），朗朗上口，便于记忆和传播。最好能有一个连接互动的端口，比如二维码。

二、珠宝行业玩不玩抖音？如何玩

2018年，抖音火得一塌糊涂。不仅可口可乐、阿迪达斯、宜家、支付宝、江小白、海底捞等品牌进驻抖音，开启潮酷传播，就连央视、人民网、中国国家博物馆，甚至寺庙等佛教单位也利用抖音玩得不亦乐乎！

珠宝人也不免加入有关抖音的各类论战中，珠宝行业玩不玩抖音？都是谁在玩？如何玩？是品牌传播，还是产品促销？

（一）抖音为什么火

1. 新的流量入口

抖音既是品牌洞悉消费者生活方式的入口，也是吸引潮酷用户的流量入口。

抖音是90后、00后聚集的潮酷社交平台，是新奇、娱乐、有趣的内容生产平台。尤其是新生代消费者成为消费新势力，他们追求的是有趣的事情和有趣的灵魂，一切娱乐化。

我一直强调，你不玩抖音就不了解新生代消费者，不了解新热点和新趋势，你不开抖音号就无法大规模地连接潜在用户。目前很多企业都在抖音开设了公号，就是要了解消费者、贴近消费者、连接消费者。

珠宝行业最大的痛点就是离消费者太远，不会连接年轻人。抖音是年轻人展示自己的生活、生产、情绪、情趣、才艺的平台，有展示就有围观，于是抖音等社交平台就成了客流连接器。

年轻人在哪里，品牌就追到哪里，珠宝行业也要追到哪里。

2. 引发病毒式传播

抖音平台有三大法宝，15秒、音乐、挑战。你只管拍摄，有相应音乐直接合成即可，创作简单；每个视频虽然只有15秒，都是一个故事、一个场景、一个搞笑、一个挑战，新奇有趣，符合大众娱乐潮流；视频比文字简单，所有人都能懂，不必费时间消化，就像快餐，不喜欢就刷过去，喜欢就转发、点赞、关注。

抖音流行的三大元素：娱乐、简单、快餐，具备娱乐化时代的病毒传播基因。

3. 网红产品崛起平台

抖音的病毒传播功能和新流量入口特性，可以快速带火一个景区、一个产品，捧红一个网红。

抖音带火了摔碗酒及西安美食，捧红了重庆李家坝轻轨，每天都有慕名而来的全国游客。尤其是五一期间，抖音上面的网红景区和网红饭店、网红小吃都是人满为患。

2018年七夕节，抖音还捧红了"用头发编金貔貅送给男朋友"这个活动，不但成为珠宝界刷屏的现象，而且让金貔貅挂件瞬间走红，销售火爆。据了解，有的店铺在七夕节期间，利用抖音传播这个活动，1条15秒的短视频点击量超过100万，金貔貅销售近1000件。

（二）珠宝行业的抖音玩法

1. 周大生珠宝

2018年6月9日，周大生珠宝发起首届抖音挑战赛"这太有想法了吧"，活动到7月8日圆满收官，历时一个月。

活动上线以来，受到了许多年轻人的关注，挑战的话题热度也不断攀升，参赛的创意视频更是层出不穷。如图5-1所示。

好看的皮囊千篇一律，有趣的灵魂万里挑一。周大生在抖音上提出"有趣的灵魂就该SHOW"，发起"这太有想法了吧"的创意短视频征集赛，和当下年轻人追求的生活态度形成共鸣。上线一天，就已有超过400人上传了他们与周大生互动的趣味视频。

此次的挑战赛，在零外援推广下，共吸引了800多人参与，参赛视频前10名点赞数都已过万，其中前三名的视频点赞数超过了10万。@周大生珠宝发出的视频播放量超过了4.7万，吸引近3000粉丝，开创了珠宝首

图 5-1 周大生抖音趣味话题全民参与

饰抖音挑战赛活跃度的新高。

2. 千年珠宝

2018 年 2 月，千年珠宝联合抖音，举办了"爱情许诺舞"视频录制大赛。

抖音用户只需发布以千年珠宝 logo 作为背景的视频，或在平台内发布一段含有千年珠宝的相关文字就可以报名参加。点赞人数是活动唯一的评判标准，获赞最多者为第一名，可以领取千年珠宝提供的钻戒一枚。如图 5-2 所示。

3. 六福珠宝

2018 年 9 月 7 日，六福珠宝以"fun 享爱"周年庆为契机，在抖音发起首个珠宝行业挑战赛——"抖爱 fun 享"，掀起了一场短视频营销狂潮。项目上线 7 天即累计突破 14 亿播放量、37 万参与量，收获了 4773 多万点赞、265 万评论和 135 万次分享，截至 9 月 18 日，已经超过 18 亿播放量。

六福珠宝是香港品牌，在"抖爱 fun 享"中，为抖音挑战页面特意设计了专用壁纸。壁纸页面以香港夜景+闪耀霓虹效果，充分营造出品牌周年庆的欢乐港风氛围，强势带出品牌信息。

同时运用脸部识别功能，为用户戴上一顶精美的虚拟王冠，不仅操作简单，也大大增加了贴纸的互动性和趣味性。如图 5-3 所示。

图 5-2 千年珠宝"爱情许诺舞"视频录制大赛

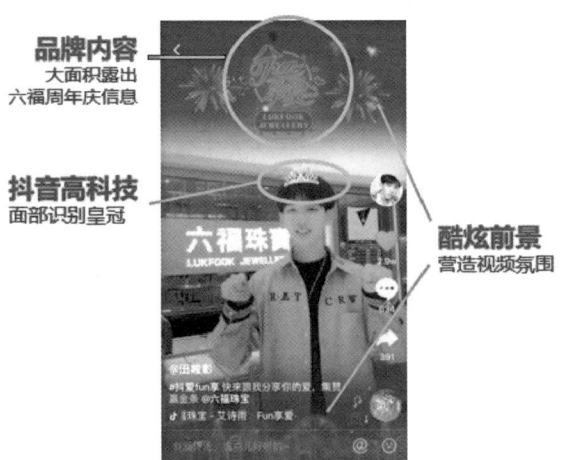

图 5-3 六福珠宝 fun 享爱抖音壁纸画面设计

除了极具设计感的贴纸,六福珠宝还特邀中国新说唱澳洲赛区评委王莹打造六福珠宝周年庆主题曲《fun 享爱》,该主题曲同步延伸用于挑战赛音乐，最终实现了一次营销的闭环传递。如图 5-4 所示。

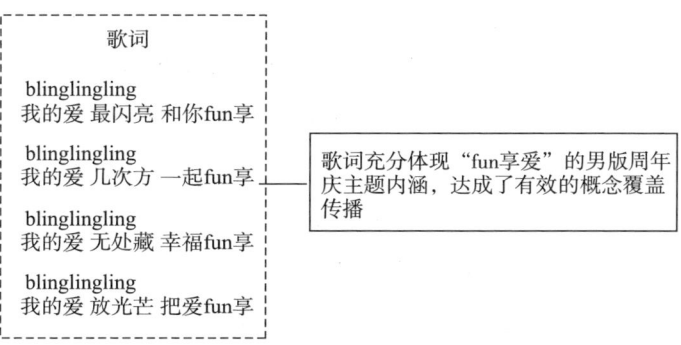

图 5-4 "抖爱 fun 享"歌词

值得一提的是，《fun 享爱》从创作初期即充分考虑了抖音传播特点，BGM 的旋律动感轻快，歌词简单易懂，具有高度模仿传唱性，与贴纸相得益彰，充分调动了用户的参与热情，有效地传播了品牌的周年庆信息。

如何在线上挑战赛中，与线下实体店联动发声，实现品牌声量最大化，六福珠宝提供了新思路——百城千店万人共同发声。如图 5-5 所示。

图 5-5 六福百城千店抖音"fun 享爱"

在这次"抖爱 fun 享"的挑战赛中，六福珠宝联动了旗下内地、香港地区及海外超过 1670 家实体店参与，集团内部形成系统的 PGC 内容指导，号召员工与六福珠宝实体店铺元素结合,进行抖音短视频的拍摄。

这批数量可观且形式统一的视频,在"抖爱fun享"挑战赛聚合页下,形成了形式统一的品牌曝光,将品牌信息深深地烙印在每一个点进来的用户心中。可以说,六福珠宝借助抖音平台,巧妙地向全国受众播放了1670多条趣味十足的六福珠宝品牌广告。

为吸引更多的用户参与,六福珠宝同时启动线下媒体线,通过在地铁、机场等人流密集的场所设置灯箱广告,宣传参与挑战赢金条的海报内容,引起路人的参与兴趣,激发线下用户转化参与挑战。线上线下的巧妙结合,为此次挑战赛打下了坚实的流量基础。如图5-6所示。

图5-6 六福珠宝抖音活动的线下传播

以上是珠宝品牌的抖音玩法,珠宝行业更多的是年轻从业者在玩抖音。一是珠宝店铺员工模仿抖音最火的段子,以求品牌专卖店的曝光;二是微商经营者利用抖音开设社交店铺,推销各类珠宝产品;三是珠宝搭配师推荐珠宝首饰的搭配风格,顺便卖珠宝产品;四是珠宝品牌员工展示新款产品,或者首饰的保养知识等。

（三）抖音实战的三大法则

1. 用户燃点法则

深入洞察各类短视频平台的热门内容，挖掘创意。好创意才能点燃用户，燃点必须要做到以下几点：

- 内容素材要跟着热点走。
- 画面要酷炫。
- 人要好看。
- 加入舞蹈或段子才能提升互动率。
- 善用特效和反转，激发用户模仿。

2. 场景原生法则

内容要充分展示原生场景，包括产品使用场景、特定情绪场景和炫酷场景。

亚太地区 MetrixLab 研究发现，当一款产品展示实际应用时，更有可能引起消费者对该品牌的兴趣并增加购买意向。抖音的数据显示，展示产品生活场景的广告内容相比促销广告点击率提升了 1.34 倍，以人物作为生活场景展示的广告创意，相比没有人物的广告创意点击率提升了 71.4%。

从创意角度看，如果不能巧妙地展示产品或品牌信息，就无法适应抖音的媒介属性。抖音流行 15 秒，内容既不能拍摄成 TVC，又不能冗长拖沓，要考虑品牌与内容的巧妙结合，与用户的生活场景深度互动是玩抖音要去思考的。如图 5－7 所示。

2018 年七夕节，全国流行的"剪头发编手链，金貔貅手链送男友"活动，就是珠宝行业充分展示产品的使用场景，表达"青丝一缕为君剪，结发情义君莫负"的特定情绪。活动与产品销售火爆全国。

场景原生的三个方向：

一是形式原生。采用用户接受度高的"抖音风格"的形式，充分考虑竖屏广告情节与用户体验相融合，比如竖屏、15 秒、节奏和 BGM 等。

二是意图原生。以洞察用户的真实意图为基础，创作能满足切实需求的广告内容，比如反转、炫技、炫酷等。

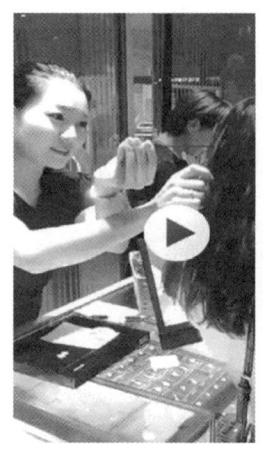

图 5-7　星光珠宝门店"青丝一缕为君剪"抖音截图

三是情感原生。多维展现生活的美好,广告理念应引起用户美好情感共鸣。这是抖音等品牌 slogan。

施华洛世奇在抖音推广炫彩系列产品的做法就值得学习,抖音快速露出品牌信息,伴随强节奏感的背景音乐,快速将观众带入品牌打造的使用场景,不断强化品牌印象。如图 5-8 所示。

图 5-8　施华洛世奇抖音炫彩系列展示"美好生活"原生场景

3. 第一人称法则

无论是红人还是素人,引入角色有助于建立真实感,而用第一人称更能增加连接深度。

Facebook 的研究表明，当人们第一次看到展示广告时，会集中关注广告的形象部分，而不是周围的内容。抖音研究数据也显示，基于明星与达人出色的表演能力，会带来更加深入的广告触达。包含明星、达人的广告创意有效播放率平均提升了 60%。

同时，使用第一人称的表达相对于其他表达方式在点击率上平均提升了 35%，有效播放量提升 21%，平均单次播放时长占比提升 28%。

什么是第一人称表达？就是你要告诉观赏者：我是谁，我在哪里，给你什么帮助。毕竟，抖音的用户遍布全国，尤其是珠宝店铺，你不是第一人称表达，你的产品或活动推广效果就大打折扣。如图 5-9 所示。

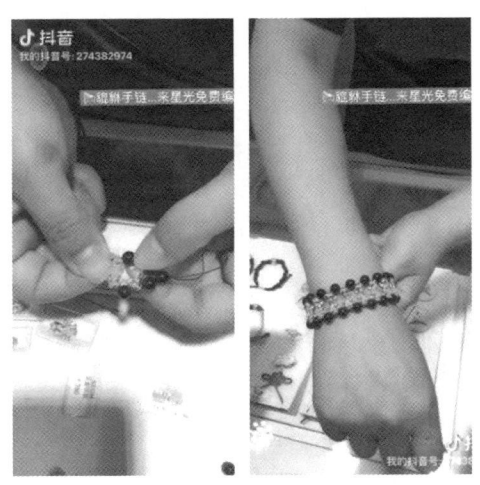

图 5-9 第一人称法则：金貔貅手链，来星光免费编织

据悉，2019 年 5G 即将商用，届时小视频将进入爆发阶段！珠宝行业利用抖音、腾讯的微视等小视频进行品牌传播势在必行。直播店也将风生水起！

各位，你还观望吗？

三、珠宝行业广告投放的三个趋势

品牌塑造、促销活动，只要是经营都离不开广告。在碎片化的传播时代，珠宝行业的广告投放有三个明显的趋势：围绕用户的生活方式来选择媒体，加大热点影视剧植入，"品牌要广告，促销要窄告"。

（一）围绕生活方式来选择媒体

不同的时代有不同的生活方式，根据用户的生活方式来选择媒体进行广告投放，一直是广告投放的铁律。在没有互联网的时代，看电视、听广播、读报、看杂志是大众的主要生活方式。所以，在大众传媒时代，电视、广播、报纸、杂志是主流的生活方式，也是各行各业投放广告的主流阵地。

现在是智能互联时代，围绕现代用户的生活方式来选择媒体，主要分为两块。

一是选择与生活方式强关联的强制性的传统媒体。比如电梯、小区起降杆、电影院、高铁动车、交通广播、高速户外等媒体就具备强制性。这是你生活和工作的场景，总不能闭眼或者塞住耳朵。这些广告就是强制性广告，不管是否骚扰，用户都无可奈何。

尤其是高铁动车、电影院线和电梯、交通广播，广告效果非常明显。特别向品牌推荐高铁列车冠名的广告投放，这比央视和卫视的广告投放性价比还要高。毕竟，高铁已成为现代人出行的首选交通工具。

老凤祥珠宝2018年冠名了"老凤祥号"品牌专列动车，广告不仅具有强制性，还有唯一性和排他性。如图5-10、图5-11所示。

图5-10 老凤祥号品牌专列广告示意图

图 5-11　老凤祥号品牌专列广告示意图

作为宣传品牌和企业的新颖平台，高铁媒体不仅增加了民众在舒适环境中更多了解品牌元素的机会，还提高了品牌宣传方式的亲和力。老凤祥黄金、铂金、钻石、翡翠、珍珠、珊瑚、腕表、眼镜、珐琅等全品类及迪士尼等主题大类的全新宣传画面，都将在专列中以行李架、灯箱、车内海报、桌贴、椅背贴、车内（外）门贴、到站播音、滚动走字屏等形式向大众呈现。

二是选择使用频率比较高的新媒体，或者具有强制性的新媒体。比如社交媒体的微信和抖音、今日头条，这些新媒体能借助云计算实现碎片化的精准用户触达。选择各类应用 App 的开屏或霸屏广告，这是借助信息流投放的强制性新媒体广告。

（二）热点影视剧植入

相比于在央视和卫视的热点栏目投入广告，借助热点影视剧植入产品和品牌广告，越来越受到珠宝行业的青睐。金一文化曾斥巨资 8 亿元，在央视黄金段投入品牌广告，效果不如莱绅通灵的影视剧定制，爱迪尔和明牌珠宝在影视剧中的广告植入。

莱绅通灵珠宝深度定制剧《克拉恋人》中，剧情围绕通灵珠宝品牌、产品、店铺展开，电视剧播出期间，通灵引发受众热搜，百度指数达历年来搜索顶峰，其植入的产品克拉恋人更是热销。

爱迪尔珠宝在影视剧《漂洋过海来爱你》、明牌珠宝在《三生三世十里桃花》、I DO 在《咱们结婚吧》等影视剧的品牌和产品广告植入上，都收到了奇效。

尝到甜头的莱绅通灵专门成立了钻石影业，深度定制影视剧。据悉，其定制剧《翡翠恋人》也即将投放市场。而 I DO 则将影视剧品牌植入作为其品牌营销的战略来执行。

未来，将有更多的珠宝品牌开展电视剧的广告植入，收获的是品牌 IP、产品销售、品牌传播，可谓一石三鸟。

（三）品牌要广告，促销要窄告

品牌要广告（广而告之），促销要窄告（精准送达）。
——这是珠宝行业广告传播的新要求。

广告的作用在于品牌连接，品牌连接就是强调借势传播，即不遗余力地借助热点，表达自己的观点和品牌定位。品牌没有真相，只有品牌认知。

品牌广而告之就是不断地传播品牌，不断地连接用户，不断地强化品牌识别；而窄告就是将用户精准地分层，精准地向会员传递特惠信息（不同级别的会员收到的特惠信息是不一样的）。

这样，竞争对手不知道你的信息而用户知道，既满足了销售需求，又隔离了竞争对手，保护了品牌价值。比如母孕童产品零售企业——孩子王就是这方面的高手。随着大数据和云计算的普及，对企业来说，"促销窄告"是很简单的事情。

四、新时代的 4C 传播法则

现在是什么时代？智能互联时代，人类社会在技术的驱动下，即将进入物联网时代。在这个时代背景下，传播发生了翻天覆地的变化。这个变化就是从大众传播到小众传播，从大广告传播走向新 4C 传播。

（一）从大众传播到小众传播

问大家一个问题，你有多久没有看电视，没有读报纸了？你一天刷微信用几个小时？看头条多长时间？刷抖音几次？可以说，大众传播的时代已经基本结束，未来将进入小众传播时代，也就是进入社群传播时代。因为**信息传播的载体和受众的信息接收习惯发生了变化**。我们来看看区别是什么？

播与传的区别：

过去是大众媒体、大众传播，传播的载体只有报纸、电视、电台和户外。

大众传播时代，核心是"播"。"播"讲究覆盖率和声量，所以播出的平台越大、密度越大，效果越好。

现在是众媒时代，小众传播，传播的主流载体是手机上的各类应用（微信与App），小屏观看、小众互动、小群撬动。

小众传播时代，核心是"传"。讲究的是话题、场景与情绪。因为交互，小群引发病毒传播，再调动大群。

信息接收与处理的区别：

过去的信息是定点定时发送与集中接收，内容是有限的；现在是时时发布与碎片化接收，内容是海量的（现在一天的信息量是过去几年的信息量）。海量信息产生了接收疲劳，所以，没有热点、新奇的内容、娱乐性，就收割不了分散的注意力。

小众传播有三小，分别是小屏观看、小众互动、小群撬动。因为交互，小群引发病毒传播，再调动大群，关键是话题、情绪。

（二）碎片化时代的传播特征

为什么现在的微信文章标题都是无厘头？都是语不惊人死不休？都是标题党？为什么会这样？——这是碎片化时代的传播特征。一是无互动不传播；二是娱乐化时代，别一本正经。

可口可乐有 100 多年的历史了，为什么一直保持年轻时尚？因为它一直贴近每一时代的年轻消费者，善于借势传播。

为什么海底捞吃法、小猪佩奇火爆社交网络？这不是品牌策划的，而是新生代消费者自己创造的，觉得好玩有趣，以娱乐化的心态广泛传播。所以，一定要贴近消费者，说不定会有惊喜！新生代消费者既是消费者，又是创造的参与者。

请记住新时代的阅读与传播心理：

· 我要知道得比别人多。

· 我要知道得比别人早。

· 我知道点不一样的信息。

· 这就是我要表达的。

· 我要轻松愉快的。

· 我要有用有趣的。

（三）珠宝品牌传播的新 4C 法则

新 4C 法则，是唐兴通老师提出来的。是指在适合的场景（context）下，针对特定的社群（community），将有传播力的内容（content）或话题通过社群网络结构进行人与人的连接，快速地扩散与传播（connection），从而使这些内容或话题获得有效的传播与扩散，使企业获得传播势能。

场景：引发共鸣

内容：我好喜欢

社群：用户聚集

传播：病毒裂变

场景 + 内容 + 社群 + 传播 = 4C

案例：克拉恋人活动。邀请夫妻制作克拉钻戒（场景），最浪漫的事是为爱人制作一枚克拉钻戒（内容），发微信朋友圈 PK（社群），邀请亲友点赞（传播）。

(四)新 4C 传播案例得失解读

潘多拉：刚刚，陈柏霖向我告白了

场景：练习告白

内容：如何表达我爱你

社群：官方微信微博

传播：粉丝转发

海底捞：新吃法挑战赛

场景：吃火锅

内容：好玩的新吃法

社群：抖音、微信

传播：PK（挑战赛）与模仿

西贝莜面村：亲个嘴打个折

场景：情人节亲嘴

内容：亲个嘴打个折

社群：微信微博

传播：交互评论与转发

拼多多：价格特惠

场景：购物

内容：拼团砍价特惠

社群：微信

传播：邀请亲朋好友参与

蓝月亮：品牌传播

场景：等待蓝月亮天象出现

内容：蓝月亮洗衣液出现在夜空的图片

社群：微信微博

传播：因好玩调侃被疯狂转发

以上是成功的新 4C 传播案例，我们再看几个失败的案例。

王利芬：没考虑社会情绪，热点没蹭对

场景：王利芬在公众号发文《茅侃侃离世，掀开了创业残酷的一角》，阅读过 10 万

内容：王利芬发微博庆祝

社群：微博

传播：被公众强烈批评，不得不出面道歉

在特殊的场景下，你的内容一定要考虑公众的情绪。内容善于利用公众的情绪才会引发正面的传播；利用不好，就会负面传播。

某汽车租赁：西游记借势，场景没有选好

场景：师徒四人去西天取经

内容：坐××共享单车，方便快捷

社群：短视频

传播：被疯狂吐槽：坐××车，去西天

这个广告的本意是借势西游记这个 IP 来传播品牌，没有考虑这个场景有不好的联想。企业不得不立即将广告紧急下架。

金一文化：央视巨资投广告，媒体没选好

场景：新人结婚，买金一珠宝

内容：金一珠宝，国民品牌

社群：央视

传播：缺乏交互

现在的观众，尤其是年轻人，很少看电视。尤其是在央视的广告，只有被动接受，无法互动。虽然花费了巨资，效果一般。

新 4C 传播，每一个要素都不要忽视，场景、内容、社群、传播交互都要照顾到，才能引发病毒传播。

五、案例解读：一场大雪引发的"珠宝大案"

2018年1月4日，暴雪袭击了陕西、山西、河南、湖北、河南、安徽、江苏7省部分地区，积雪最深达35厘米。暴雪除了给人民的生活、交通带来重大影响外，还引发了一场品牌营销传播大案。

这就是由我在"崔德乾珠宝新营销"社群发起倡议，先在安徽珠宝圈引起反响，而后波及白酒、饮料等行业的"品牌雪人PK赛"。

其实，这次"品牌雪人PK赛"既是一次品牌营销传播案，又是新营销的一次践行。我们一起回顾一下这场"品牌雪人PK赛"及新营销启迪。

1月4日上午，我看到安徽省临泉县富豪珠宝城的董事长李总在朋友圈发了一组雪人的照片后，立即在"崔德乾珠宝新营销"3个社群发起倡议：各位珠宝老板，你那里下雪了吗？你会利用一切机会做品牌营销吗？发几张图供大家学习！也希望你们让员工进行品牌雪人创意。如图5-12所示。

图5-12　富豪珠宝城雪人示意

倡议一发出，便得到积极响应。很多珠宝老板和店长开始组织员工进行品牌雪人创意。大家除了在朋友圈发自己创意的品牌雪人图片，还在群内分享。一时间，群内热闹非凡。分享的、点赞的、发表创意建议的、羡慕的（四川没有下雪，珠宝老板很是羡慕）、遗憾的（江苏盐城雪下得小，雪人堆不起来）。于是，我选择了一些典型的珠宝品牌雪人图片和视频，分七次在朋友圈分享。

白酒行业、饮料行业也开始了品牌雪人PK，如图5-13所示。

图5-13 白酒与饮料行业雪人创意

我分享珠宝雪人图片引发了病毒传播，很多朋友直接将图片下载后分享。如图5-14所示。

图 5-14 珠宝雪人引发了病毒传播

安徽珠宝圈掀起了 PK 赛，尤其是同城的珠宝店。创意开始升级，有发视频的、利用抖音的、给雪人穿金戴银的，如图 5-15 所示。

图 5-15 珠宝圈雪人 PK 赛

有几个珠宝品牌的安徽区域老总还积极组织加盟商参与，对于优秀的雪人创意发红包给予奖励。

很多品牌也开始利用别人的雪人创意进行二次创作。如图5-16所示。

图 5-16 利用别人的雪人创意进行二次创作

凡是参与品牌雪人创意的,其雪人造型吸引了很多路人和消费者拍照留影并发朋友圈,引发了 N 次传播。

为什么一个小倡议会引发关注、兴趣、传播、PK?这就是新营销思维。

新营销思维新在哪里?新在用户思维、场景思维、体验思维、参与思维、荣耀思维。

我创建的"崔德乾珠宝新营销"社群成员都是全国各地的珠宝店铺老板和品牌区域老总、店长,这些社群用户都想借用一切机会进行品牌传播。所以,我发起的这个创意就是用户思维。

所谓用户思维,就是考虑用户的关注点和兴趣点、痛点和利益点,设计活动来调动大家的积极性,这个思维就是用户思维。

为什么发起品牌雪人 PK 赛?因为雪下得够大,可以堆雪人、打雪仗。这就是场景思维,即**考虑用户的消费场景、使用场景、生活场景、工作场景,然后利用这些场景做营销文章**。

为什么那么多人愿意 PK?这就是体验思维、参与思维和荣耀思维。毕竟雪人都会堆,很容易参与和体验。

参与者多了,我又在社群上鼓动:"大家要积极创意!我会在公众号里发表。有创意的将入选!不仅是你的荣耀,更是将你的才能和品牌传播到全国。"这时候,又掀起一轮创意高潮,大家不仅仅是为了娱乐,还是为了荣誉而战。

如今是娱乐休闲时代,营销也有娱乐化的倾向,用户会积极参与好玩、有趣、互动的活动。所以,大家今后多设计一些娱乐化的营销活动吧。

观点摘要

1. 社交媒体传播的内容要充分展示原生场景,包括产品使用场景、特定情绪场景和炫酷场景。当一款产品展示实际应用时,更有可能引起消费者对该品牌的兴趣并增强购买意向。

2. 大众传播时代核心是"播";小众传播时代核心是"传"。

"播"讲究覆盖率和声量,所以播出的平台越大、密度越大,效果就越好。"传"讲究的是话题、场景与情绪。

3. 新时代的阅读与传播心理:

· 我要知道得比别人多。

· 我要知道得比别人早。

· 我知道点不一样的信息。

· 这就是我要表达的。

· 我要轻松愉快的。

· 我要有用有趣的。

第六章

新场景

一、场景，在珠宝行业无处不在

场景营销在其他行业开展得如火如荼，珠宝行业也不甘落后，不仅悄然跟随，还做得有滋有味，让人叹为观止。珠宝行业的场景营销在产品、渠道、销售和推广上，也随处可见。

产品有场景，可以成为爆品；

渠道有场景，可以让深度分销扎根；

销售有场景，可以快速动销；

传播有场景，可以免费传播品牌。

（一）产品、渠道、销售及传播上的场景表现

1. 产品场景

潘多拉手链、周大福的福星宝宝、明牌珠宝的十里桃花、爱迪尔的炫彩畅销，就缘于产品有场景，场景自带情绪、情谊和情趣，获得年轻人的青睐。

珠宝品牌潘多拉的每一个串珠产品都是一个场景，狮子和红灯笼是春节的场景，埃菲尔铁塔和爱心、钥匙是爱情的场景。产品自带场景，就有故事、有个性，有温度，容易成为爆品。

产品有场景，产品和产品的话题就成为社交货币（可以购买别人对你

的正面看法,给你一定精神满足的享受),引发消费热潮和传播热潮。

2. 销售场景

在北京朝阳大悦城,有一家全爱工匠珠宝店,顾客进去后可以在专业人士的指导下,为爱人或自己制作一件个性首饰;在四川都江堰景区旁边,中国黄金专卖店有专门的老银匠师傅在手工打制银手镯。

银饰品牌老银匠专卖店的门口,总有一个师傅在叮叮当当地敲打,吸引了很多人驻足观看或进店选购。星光珠宝各门店一到周末总有"珠宝课堂"开课,这些都是专业的体验场景,也是销售场景。

有的销售场景是和生活场景结合起来的。在郑州花园路上的龙泽润宝珠宝店,一楼有奢侈婚纱,二楼有美甲区和咖啡厅。会员凭借积分可以免费美甲、免费喝咖啡,异业联盟推荐来的客户,也可以免费喝咖啡。这些都是基于用户的生活场景,给消费者打造极致体验的场景。如图6-1所示。

图6-1 龙泽润宝用咖啡、婚纱、美甲生活场景来连接用户

珠宝零售企业星光珠宝,为连接消费者、促进销售,分别设置了"亲子私房菜课堂"场景和"珠宝手工课堂"场景。

制造场景,重构新零售的"人、货、场",以体验深度连接消费者。珠宝店里卖鲜花、咖啡,做美甲,有儿童游乐场,帮助顾客在店铺开展求婚告白仪式，珠宝终端场景营销也做得有声有色。

销售即场景，场景构造生活方式，黏住消费者。

3. 渠道场景

渠道场景指渠道商帮助终端设置场景，解决下游分销商或终端的销售问题。

嘉华婚爱珠宝各省的代理商，在嘉华总部的指导下，为下游终端客户设置中国新娘的婚庆专区，就是设置婚庆场景，促进终端的婚庆产品销售。如图6-2所示。

图6-2 嘉华婚爱珠宝在终端的中国新娘场景专柜

龙泽润宝也开展了品牌加盟，同样帮助加盟客户在终端门店设置咖啡厅、美甲区、婚纱区等场景。一是聚客流，二是促进销售转化。

渠道商想深度分销扎根，必须解决下游分销商或终端客户的销售场景。换句话说，你必须为客户做贡献，解决他们的销售问题，而不是一味压货、低价促销，这就是渠道场景的作用。

4. 传播场景

2017年圣诞节，潘多拉珠宝就在上海的K11店铺设置了一棵大圣诞树，消费者可以借助VR眼镜来体验"刚刚，陈柏霖向我告白了"的视频。视频中的男神就是羞涩的小男生，为了向心爱的女孩告白，在女孩家门前反复练习各种告白的场景。当女孩突然打开门的一瞬间，男神为了化解尴尬，立即拿出潘多拉首饰盒示爱。沉浸式体验让女粉丝尖叫不已。如

图6-3所示。

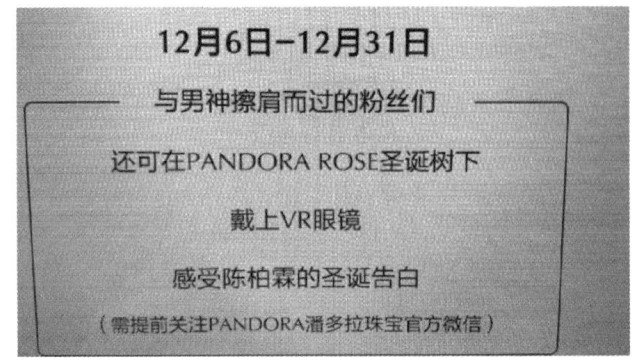

图6-3 沉浸式体验

2018年七夕节，剪发编制金貔貅手链借助抖音和微信迅速引爆社交网络。这就是行业借助七夕"结发定情"场景引发的超级传播，超级传播也带来了金貔貅产品的旺销。

（二）场景化，珠宝终端商业空间的升级逻辑

珠宝行业的场景营销，更多地在终端展现。求婚告白、新人证婚、珠宝课堂将是珠宝新零售的标配场景。

场景体验也会倒逼珠宝零售终端进行商业空间的改造。传统的珠宝店铺是卖货思维，所以会最大限度地陈列货品。柜台超多是传统珠宝零售的空间特点，未来的珠宝店将是场景超多，这才是用户关系经营的思维体现。

未来，珠宝新零售是用户关系经营，售卖一种生活方式。其商业空间将围绕顾客的休闲舒适性、珠宝专业体验性来展开，水吧、多功能活动场地、休闲区域是珠宝店的标配。

场景化是珠宝终端商业空间升级的逻辑，将体现在以下五个方面：

（1）休闲空间。

咖啡吧、水吧、零食、休闲硬件、电脑、图书、绿植等一应俱全，营造一个舒适惬意的服务休闲空间。

下面是杭州双邑商业美学设计机构给世纪缘设计的珠宝实体店，你进

入店铺后,就会发现整个场景是混搭的。既是珠宝店,又是生活场景的店;既专业又休闲;让你既陌生又熟悉。这里的软装像是家庭,也有餐点水吧、儿童休闲区、美甲区,让你在购物中休闲,在休闲中购物,更有DIY编织区、婚庆区、定制区等专业的空间场景。如图6-4所示。

图6-4 休闲的家装风格(左图是专业场景,右图是水吧服务区)

(2)婚庆空间。

这个婚庆空间可以是珠宝的婚庆产品专区,也可以是用来开展求婚告白、新人海誓山盟、结婚纪念仪式的多功能商业空间。如图6-5所示。

图6-5 珠宝店铺中的婚庆区

(3)专业空间。

各个品类的专业展示及小型T台,便于周末进行首饰新款的展示。还有各类专业简单制作、鉴定的工具和制造体验区。如图6-6所示。

图6-6 左图为DIY编织区，右图为克拉钻展示区

(4) 生活方式空间。

美甲区、首饰试戴区、化妆区、游戏区、儿童游乐区、小剧场，营造不同的生活空间。如图6-7、6-8所示。

图6-7 儿童游乐区

图6-8 免费美甲区

（5）社交空间。

休闲区、生活方式区、婚庆区除了提供场景体验外，还给消费者提供了一个社交平台。会员与会员之间，将会因为体验活动而相识、交互，找到志同道合的朋友。如图6-9所示。

图6-9 局部布局欣赏

（三）场景的商业价值与衡量指标

1. 场景的商业价值

场景是实体商业的体验载体，有场景这个载体就可以降低价格敏感度，提高购物效率，强化品牌忠诚度。

没有场景，你的东西跟别人的东西的区别就在价格，谁更便宜谁就有优势。但有线上便宜吗？大多数店铺没有。通过场景的打造，可以降低购物中心所有商品和服务的价格敏感度，消费者关注场景，就不再关心价格了。

做商业必须回归商业的本质，既要赚钱，又要用户满意。大量实践证明，场景可以缩短购物决策，切实提高购物效率和品牌忠诚度。

2. 场景的衡量指标

场景营销是以体验为核心，以连接质量、情感输出为结果。它的衡量指标就是超级体验性、连接质量和情感输出。

超级体验性：顾客要亲自参与才有超级体验性。让客户体验什么？不管是产品或品牌特性,还是情绪、情谊、情趣和文化,一定是超级体验性。值得注意的是,在场景活动中,用户的围观与亲自参与获得的体验性和情感输出结果差距很大。

连接质量: 场景营销的目的是连接用户,连接的是不是精准客户、客户愿不愿意参加,这是场景设置要考虑的首要问题。场景设置不是自嗨,而是让用户嗨。好的场景设置一定会让精准的目标客户争相参与,参加后愿意向亲友推荐、利用社交媒体传播。这是最佳的连接质量。

情感输出: 好的场景营销一定有代入感,触动了用户的情绪、情谊、情趣,引发体验者的共鸣,从而对产品或品牌形成特殊情感,奠定现场交易的基础。

用我亲自操刀的两个案例来说明。

遇见 20 年后的妈妈

母亲节,如何打动儿女的心,让他们给母亲购买珠宝首饰来表达自己的孝心?

树欲静而风不止,子欲养而亲不在。孝心不能等!这个道理很多人都懂,但大家没有强烈的体验认知,毕竟母亲的苍老是一个缓慢的过程,子女们不易察觉。为此,我在珠宝门店策划了母亲节场景体验活动——遇见 20 年后的妈妈。

(1) 超强体验性带来良好的连接质量

门店征集的母亲都在 45~55 岁,孩子在 18~35 岁。活动一经推出,报名踊跃。母亲想知道,孩子面对自己苍老 20 岁是什么反应;孩子想知道,20 年后母亲的变化到底有多大。何况参与体验的老顾客还有母亲节的特制礼品可领取。

我们让参与体验的母子分开,给妈妈精心化妆,让妈妈们瞬间苍老 20 岁。给子女们戴上眼罩,然后在舞台上让母亲和儿女们见面,发表母亲节感言。在打开眼罩的瞬间,很多子女愣住了:这是 20 年后的妈妈?有的人泪流满面,有的人先是笑,说着说着就开始流泪。凡是参加体验的人,无不泪流满面。

(2) 情感输出与品牌传播

参与体验的子女受到强烈震撼，真切体验到孝心不能等，不但给妈妈买首饰，还给妈妈买衣服、请吃大餐，这是孩子的体验。一些妈妈则体验到"美丽装扮不能等，20年后太老了！戴什么都不好看，自己不能亏待自己"；一些妈妈则感觉"自己20年后太老了，可能给儿女们帮不了忙，要加强身体锻炼"，这是妈妈们的体验。围观的观众也被感动，但没有亲自体验的深刻感悟。

这个活动没有推销，超强的体验性就是最好的推销术。有的妈妈把自己现在的照片和化过妆的照片发朋友圈："现在的我和20年以后的我，要美趁现在。加油！"

活动不但精准连接了门店的VIP客户，还收获了顾客的感激，传播了品牌，并获得了很好的销售业绩。

老公老公疼疼你

(1) 策划缘由

"520"谐音"我爱你"，是很多年轻情侣狂欢和购物的节日。这样的日子一般都会购买小礼物来表达情感。为了提升情侣之间的情感体验，并促进产品销售，我策划了一个"老公老公疼疼你"的体验活动：用分娩体验仪让老公体验一下老婆生孩子的痛苦。男人知道有多疼，才理解女人，才疼爱女人。

(2) 连接质量

这个活动非常火爆，连接性很好。主要是触动了已婚女人的情绪：生孩子太痛苦了，而男人不知道，凭什么要我生二胎？凭什么还不理解女人的辛苦？

每一个已婚女人都希望老公去体验一下。尤其是想让老婆生二胎的老公，老婆连哄带骗也要把他带到体验现场。男士们有的感觉新奇，有的感觉变态，在老婆的要求和礼品的刺激下（为她疼一回，赢真爱礼品券）纷纷尝试。

(3) 情感输出

分娩阵痛体验仪的开关有10级，如果从1级开始体验，效果就会大打折扣。开到 4 级以后，喜剧效果就出来了：鬼哭狼嚎的、大呼小叫的、大汗淋漓的、默默忍受的，让围观者笑破肚皮。有的男士高呼"妈妈万岁"，他体验到母亲的伟大；有的男士喊"老婆我爱你！我要奖励你"。男士的体验，估计这辈子都忘不了。妻子们一边笑一边发社交媒体；有的妻子则心疼老公，赶紧喊"停停停，我老公受不了啦"。

体验过后，原来纠结的克拉钻也能爽快买单了。超强的体验性，给用户留下刻骨铭心的印象，有力地促进了情感交流与销售增长，达到了情感输出和愉快连接的指标，顺带刺激了销售。

场景始终都在。场景的本质是生活逻辑，打造场景本质上是在还原一种生活逻辑，怎么样让消费者在实体经济里更符合自己习惯的生活逻辑。

二、珠宝人，你会场景营销吗

如何做场景营销？

（一）珠宝场景营销实践三要素

（1）产品

产品是珠宝体验营销的首要载体。珠宝行业可以在产品研发环节就植入场景，也可以在产品的终端重新设置场景，以强化产品的 IP 或产品特性、品牌特性。

（2）商业空间

体验一定基于空间展示，实体商业空间或者虚拟的网络空间都可以。珠宝行业场景展示的主要场所是展厅、零售终端和虚拟空间。有珠宝企业在会员的生日当天，会利用微信服务号给顾客发一条生日祝福的 H5，顾客点击后，会出现一个虚拟的定制蛋糕和鲜花。这个 H5 页面就是虚拟的网络空间。

（3）仪式或文化

仪式和文化才是珠宝体验的核心。这是决定用户连接质量和情感输出的关键要素。

一句话，就是利用产品、商业空间、仪式及文化体验，给消费者制造沉浸式体验。体验有两个方向：一是情趣、情谊和情绪；二是品牌特色和产品价值。

场景营销的实践首先要善于利用空间、仪式与文化。其次是用户思维，毕竟场景感的底层逻辑就是用户思维。

就是站在用户的角度来看产品、渠道、价格和推广。具体操作是，走进用户的消费场景、使用场景、生活场景和工作场景，发现痛点和机会点，然后根据行业特征和品牌或企业特点设置场景，让用户体验仪式感、代入感、时代感和荣耀感。这些就成为用户选择你的理由。

（二）构建场景的四条逻辑

（1）场景自查：在这个场景下，我能做什么？能给消费者提供什么？

富豪珠宝城在"38女王节"的时候，邀请VIP客户到店佩戴纯金王冠和钻石王冠，让VIP客户体验一把"我是女王"的感觉。

周大福珠宝与商场合作，安排8位外国帅哥在"38女王节"给所有路过的女士送玫瑰花，还可以免费合影，通过这个场景告诉女性消费者：今天，你们是女神、女王，周大福要给你们一份尊重和爱意。

情人节这个场景就是送玫瑰花，山东鲁滨黄金大厦就采购了8000枝玫瑰花免费送给市民，每枝花带一张花语与珠宝结合的卡片，比如项链就是相恋。于是情人节销售额同比增长了90%。

（2）场景方案：这个场景下的痛点是什么？如何解决？

珠宝行业有很多消费痛点，比如首饰如何搭配、珠宝首饰如何保养、首饰如何分类管理，也有很多珠宝零售企业据此提供场景营销活动，或者场景化的解决方案。

珠宝首饰搭配师比赛、辟邪神器DIY编织赛、首饰搭配课堂都是场景营销活动；玉器的开光与保养、珊瑚的回海保养、摔断的玉镯重新镶嵌都是场景化的解决方案。

即将结婚的新人最希望得到对方对爱情的承诺，这是内心一个隐秘的痛点。针对这个隐秘的痛点，MLE（埃菲尔印记）珠宝就设计了一个场景，情侣在购买钻戒的过程中，男士要拿出身份证才能购买，还要双方签订真爱承诺书，按上手印。如图6-10至6-12所示。

图6-10　男士要输入自己的身份证号

图6-11　真爱承诺书

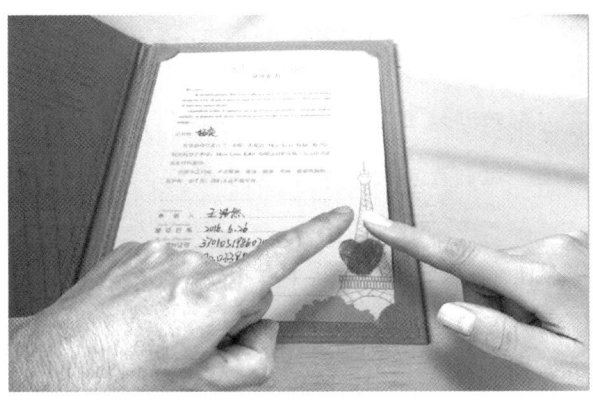

图6-12　情侣双方按手印

(3)场景匹配：这个场景下，如何让消费者参与或选择？

春节要发红包、抢红包，珠宝店铺就设置红包墙，让顾客自己选红包，或者利用支付宝的语音口令让老顾客抢红包；七夕情人节想走桃花运，店铺就提供桃花树和许愿卡，品牌就提供与桃花有关的饰品。这些产品或场景就能调动消费者的参与积极性。如图6-13所示。

图6-13 语音口令红包示意图

(4)场景追踪：考虑消费者的购买场景与使用场景，或者产品的制作场景。

购买场景有一个付款环节，有的商场就设置了互动设备，冲机器挥挥手，机器给你一个反馈，你是帅哥或者美女，颜值分是多少，可以享受多少的优惠；或者设置挑战门，穿过不同的门享受不同的折扣，身材就是优惠特权。这些场景就是娱乐化，好玩有趣，会引发自动传播

我利用消费者使用产品的环节，在星光珠宝合肥店、宿州总店设置了一个霸屏求婚场景。消费者购买钻戒以后，就是要浪漫求婚告白，这是产品的使用场景。还利用珠宝产品的使用场景、销售场景、制作场景设置了很多的体验营销，比如掌上明珠谢亲恩、为爱千挑万选、克拉恋人、珠宝手工课堂等体验活动。

总而言之，场景感的底层逻辑是用户思维，即站在用户的角度考虑问题，替用户设计解决方案，给予新奇有趣的体验，促进对产品的选择，对品牌的好感。极致的体验将吸引更多的拥趸和免费的传播。

（三）珠宝行业如何践行场景营销

1. 场景营销策划的操作步骤

第一步：把握热点与客户需求。具体来说就是走进用户的消费场景、使用场景、生活场景和工作场景。

第二步：在这些场景中发现痛点与机会点，与行业结合、与品牌结合、与产品结合，设计方案解决痛点或者利用机会点。

第三步：设置场景时综合考虑仪式感、代入感、时代感和荣耀感。

2. 场景营销要基于生活场景

萌宝表情赛：宝妈喜欢晒宝宝的照片，萌系、帅系的照片不仅能获得满满的点赞，还记录了孩子成长的瞬间。虽然很多社交媒体呼吁不要晒娃的照片，以防被坏人利用，但晒宝宝照片仍是最火爆的生活场景。这就可以利用社交媒体举办"萌宝表情赛"，吸引宝妈群体，或实现品牌曝光，或为实体店导流。

辟邪神器编织赛：民间有个习俗，初生婴儿出门一定要佩戴桃枝、桃符辟邪。这就是一个民俗场景。珠宝行业可以利用这个开展辟邪神器编织赛，毕竟生活在城市的市民找桃枝困难，商家的桃符样式太单一，不符合90后宝妈个性化的要求，这是一个机会点。于是，星光珠宝集团就组织门店开展辟邪神器编织赛，提供桃符、各类吉祥寓意的金银3D产品供宝妈选择，编成各类辟邪神器，既引来客流，又促进了销售。

生活中有很多场景，珠宝行业都可以利用，这里不再赘述，简单列举供各位参考。

儿童抓周：老百姓喜闻乐见的民俗。

晒爱犬赢狗粮：爱犬是家庭成员。

首饰搭配赛：配饰成为消费新习惯，但很多人不知道珠宝首饰如何与服饰、季节、脸型、发型搭配。

生日尊享会、周末亲子活动、韩式化妆……

3. 场景营销围绕产品的使用环节

浪漫求婚告白：新人购买钻戒就是在婚礼上告白，这是产品的使用环节。一个隆重的、盛大的、令人惊喜的求婚告白仪式是每个女生的梦想。珠宝行业就可以利用这个场景和机会点，在终端为消费者策划新颖的浪漫告白仪式，把新人们对爱情承诺仪式的美好向往变成现实。如图6-14所示。

图6-14 I DO 浪漫求婚告白仪式十分契合"YES，I DO"的品牌主张

掌上明珠谢亲恩：新人结婚时，尤其是在酒店举办的盛大婚礼仪式上，都有献茶、改口、送新人红包、感恩父母的环节。基于这个婚礼场景，我指导很多品牌给购买品牌钻戒的新人送两条珍珠项链，并举办一个小小的仪式。效果特别好，既传播了品牌，又加深了情感。

后来，很多围观的宾客就因为这个仪式来选购品牌产品。

当然，珠宝产品的使用环节很多，比如奖励自己，婚庆纪念，为父母祝寿，首饰的保管、保养等，我们都可以利用这些场景，将产品与服务嵌进去，策划独特的场景营销活动，以仪式感、荣耀感让消费者体验，打动他们。

刚才分享的都是终端的场景营销案例，我们再看品牌举办的场景营销案例：

（1）嘉华珠宝：皇上证婚、送禧官与真会游的场景营销。

为刺激消费者选购中国新娘的系列产品，嘉华珠宝设置了皇上证婚、送禧官、真会游三个场景营销活动。

皇上证婚是签约扮演皇上的演员,让他以皇上的身份到婚礼现场为新人证婚;送禧官是邀请星光大道出名的歌手为新人送喜礼;真会游是以省级市场为单位,邀请影视明星带消费者一起到爱情圣地或名胜风景区旅游。

这些都是考虑到消费者的婚礼场景和生活场景开展的营销活动,因仪式感、荣耀感、体验感超强而引发终端的加盟进货。

(2) MLE:让珠穆朗玛峰见证你的誓言。

2018年,世纪缘旗下的 MLE 超级婚戒推出了一个场景营销活动——让珠穆朗玛峰见证你的誓言。

消费者购买 MLE 钻戒,即可把爱的誓言录音,由 MLE 统一整理后放入特制的播音设备,交给专业的登山团队爬上珠穆朗玛峰,播放大家的爱情誓言。这就是"海誓山盟"场景中的"山盟"。

这个活动瞬间点爆社交网络,告白 H5 一推出即引发数百万人关注,连美国最火的新闻聚合网站 BUZZFEED 也点赞,称之为"Greatly enrich one's mind"脑洞大开的创意。如图 6-15 所示。

图 6-15　LME 把 9999 个告白在珠穆朗玛峰上播放

不得不说，这个创意超级棒，但为什么终端反应平淡呢？关键在于顾客无法参与和体验！

场景营销必须注重顾客的参与感和体验感，有参与才有代入感。无参与，就没有超强的代入感。

如何增加顾客的参与感？把在珠穆朗玛峰播放爱的誓言环节放在终端。比如做埃菲尔铁塔模型纪念品，里面有个录音器，把爱的表白语音放在里面；或者在终端做个大的埃菲尔铁塔，在广场、店铺外面或里面播放精选的爱情表白；或者举办当地市民的表白 PK 赛。

品牌可以考虑做个珠宝箱，里面有埃菲尔铁塔纪念品、有珠穆朗玛峰、有首饰盒，把这个送给消费者。这样，才能体验产品与场景。

4. 场景营销一定要强调参与感和超强代入感，这是活动成功的充分必要条件

克拉钻手工镶嵌：如何推广克拉钻，这是商家考虑的问题；克拉钻与 30 分的钻有什么区别？克拉钻是如何镶嵌的？这是消费者感兴趣的问题。

为此，星光珠宝合肥店在钻石文化节和"520"，策划执行了"克拉恋人"场景营销，就是邀约情侣、爱人亲手打造一枚克拉钻，体验克拉钻的制作过程。"最浪漫的事，莫过于亲手给爱人制作一枚克拉钻"。这个体验活动现在变成了珠宝课堂，持续火爆，既带来客流，增强情感连接，又推

广了品牌克拉钻和星光服务。

一到母亲节、情人节、"520"这样的节日,品牌和商家都希望消费者给爱人、母亲购买礼物表达情感。如何促进他们选择你而不是竞争对手的产品?最好的办法就是设计超强代入感的场景营销。

为此,我在母亲节策划了"遇见20年后的妈妈——化妆术背后的时间流逝",七夕节策划了"老公老公疼疼你——男士分娩阵痛体验挑战赛",效果很好。

5. 场景营销要与时代结合,有时代感

无人机、钻石雨、为爱千挑百选(360全景相机),如图6-16所示。

图6-16 通灵珠宝的钻石雨场景营销

场景营销要让参与者有荣耀感:通灵珠宝米其林大厨下午茶、星光珠宝感恩悦赏会之红毯秀及签到金手印。

总结:首先,走进用户的消费场景、使用场景、生活场景和工作场景。其次,发现痛点与机会点、兴趣点。最后,考虑如何与行业结合,如何与品牌结合,再设计方案解决。方案综合利用场景感、仪式感、代入感、时代感和荣耀感。

三、如何抢占用户的时间

有一次，我和分众传媒的掌门人江南春先生共进午餐，听他分享移动互联时代的广告策略，他的一句话让我印象深刻。他说："学会抢占用户的时间，才是有效的广告投放策略。"微信和传统媒体的竞争，实质是争抢用户的时间；抖音和微信竞争，也是在抢占用户刷屏的时间。分众就是抢占用户在使用电梯时的时间。

品牌忠诚度的另类解读，就是你消耗用户时间的长短。

抢占用户的时间，也是碎片化、智能化、去中心化的物联网时代最突出的特征，更是社群营销的方向。社群新营销（AF）有两个方向：要么浪费消费者的时间，要么节省消费者的时间。

浪费消费者的时间：就是以享受的名义来浪费消费者的时间，从而培养用户的使用习惯，或者培养用户对品牌的忠诚度。这就是场景营销大行其道的底层逻辑。

节省消费者的时间：一是利用新技术、新工具，提高沟通、付款、交付的效率，从而节省消费者的时间；二是以享受的名义来浪费消费者的时间，就培养了用户的使用习惯，强化了对品牌的忠诚度。消费者的选择很快，也间接节省了用户的时间。

（一）上瘾：培养用户的使用习惯

你为什么每天都会打开微信、支付宝？年轻人为什么喜欢刷抖音、陌陌和探探？你出差为什么会点击携程、滴滴、12306？因为方便，因为你已经习惯了这种生活方式，你已经对这些产品上瘾了！

用户一旦养成使用习惯，再转换成其他产品或者工具就比较困难了。这里有个转换成本。比如我购买了苹果笔记本电脑，但不习惯苹果的操作系统，同时安装了微软的操作系统。微信支付和支付宝支付都是移动支付，日常购物消费、发红包都是用微信支付，而缴纳水电费、转账、信用卡还款，我都是使用支付宝。其实，两者都好用，只是我形成了不同的使用习惯。所以，让用户养成对产品的使用习惯是抢占用户时间的有效手段。如果用户使用上瘾，是最成功的标志。

大致来说，培养用户的使用习惯有三条路径：

一是不断解决用户的痛点，节省用户的时间。

支付宝和微信就是最典型的例子，它们不断跨界接入各类服务，比如生活缴费、信用卡还款、快递查询、医疗健康、车主服务、共享单车等。这些应用不但节省了你的时间，而且解决了查询、排队等候的痛点，慢慢让你形成依赖。盒马鲜生、小米社区、大悦城都是利用这个规则来培养用户的使用习惯，直至让用户上瘾依赖。12306为什么增加点餐和选座服务？就是在解决你的痛点，增强你的使用习惯。

二是给予利益补贴。

支付宝和微信为鼓励你的使用，当你支付的时候会给你发红包。滴滴和共享单车为了鼓励使用它们的产品和服务，就会进行补贴。统一、可口可乐、东鹏特饮、星巴克、肯德基为了让你重复消费产品，会给你发红包或者抽奖。

珠宝店组织会员开展各类亲子活动、无购物抽奖活动，也是一种特殊的利益补贴形式。总而言之，就是利用利益补贴的方式，培养你对产品的重复购买兴趣，这是另一种抢占用户时间的办法。

三是填补用户的精神空虚和空余时间。

人在某些场景下会精神空虚，你的产品如果能够填补这些空虚，就可以抢占用户的时间。长期出差的年轻人难免精神空虚，空虚的时候就会点开陌陌和探探，寻找异性社交，陌陌和探探就填补了用户的空虚时间段。抖音为什么深受工厂和工地上班一族用户的欢迎，当他们结束繁重的工作之余，点开抖音找点乐子、打发空余的时间也是一种享受。出差的女士为什么喜欢下载很多电视剧，在高铁上、飞机上追剧就是来填补这段空余的时间。

（二）享受：用场景体验抢占用户时间

大悦城和盒马鲜生都是新零售的代表，也是利用场景体验来抢占用户时间的标杆。这个场景体验既有线上体验，也有线下体验。

我们看盒马鲜生的线下场景：用户在盒马生鲜超市挑选食材后，可以直接到盒马的烹制区，这里有中餐、西餐厨房场景。用户根据需求，选择不同的厨房烹制美味，这就是利用线下场景来消耗用户时间。包括餐饮行业的西贝莜面村开设的"亲子私房菜"、珠宝零售企业星光珠宝开设的"珠宝课堂""霸屏求婚"等场景，都是利用场景体验来抢占用户的时间。

北京朝阳大悦城和上海大悦城不仅在卖场内外都设置了很多场景，还将年轻人的应用场景搬到 App 上。在线下的实体场景中，大悦城模拟生活方式，邀请用户参与，以体验感来浪费用户时间。

例如，朝阳大悦城有一个"悦界"场景：从非洲运回来一棵国内最大的永生植物大树。在大树下做了一个"存在一夜的解忧酒馆"。周末，一次邀请30多个顾客参与，在树下唱歌、喝酒，很多围观者也会主动参与其中；上海大悦城室外有个爱情摩天轮场景：年轻情侣在这里逗留、谈情说爱，为爱买单、为享受买单。

另外，大悦城还将年轻用户的购物场景（如店铺、停车、自助积分、活动、会员权益）、社交场景（如吐槽和观影）和生活场景（如餐饮排号、信用卡还款、惠加油、京东小金库、京东白条）搬到 App 上，以便利性来培养用户的使用习惯，也间接消耗了用户的时间。包括海尔的卡萨帝系列产品、智能厨房，都是设置特定的场景邀请用户前来体验产品，不仅消耗用户的时间，也是最好的产品推广方式。

对于珠宝行业来说，未来除了利用线下场景，开展珠宝课堂、亲子活动、DIY 比赛来抢占用户的时间外，还要借助社群工具和新技术在线上抢占用户的时间。无论是线上还是线下，要么与珠宝行业特性结合起来，要么与用户的休闲生活方式结合起来。

场景始终都在。场景的本质是生活逻辑，利用场景体验，本质上是在还原一种生活方式，目的还是抢占用户的时间。

（三）娱乐：和用户一起玩一起嗨

对于很多品类来说，消费的频点比较低，如手机、家电、无人机、珠宝,如何来抢占用户的时间呢?那就利用娱乐手段,和用户一起玩一起嗨!

小米就是通过小米社区将用户组织起来,线上线下组织用户一起玩一起嗨,比如游戏比赛、手机摄影比赛、跑步、K歌、组织明星演唱会等。这些活动跟销售没有关系,就是以享受的名义来浪费用户的时间,培养用户对品牌的高度信任。大疆无人机就和很多旅游景点合作,凡是大疆无人机的用户,都可以免票进去游玩。

带VIP客户看电影、听音乐会、旅游是很多品牌抢占用户时间的做法。在这方面,母婴零售品牌孩子王登峰造极。孩子王每家门店一年要做1000场的活动,就是不停邀请目标用户参加各类文化娱乐活动和专业的场景体验活动,比如亲子绘画、手工、职业体验、儿童抓周、宝宝爬爬赛、孕妇课堂、三好学堂等活动,就是和用户一起玩一起嗨,创造了不俗的业绩。

现在,不仅是实体商业和各个品牌邀请用户一起玩一起嗨,京东、小红书等电商企业也组建了各类圈子,比如京东的时尚搭配圈、美食圈等,就是组织用户在线上一起玩一起嗨!

现在进入休闲娱乐时代,消费者将大量的时间用在休闲娱乐上,这也是消费升级的主旋律。

品牌要顺应这个趋势,结合品牌、行业邀请用户一起玩一起嗨,去抢占用户碎片化的时间,培养的是对品牌的忠诚度,这是物联网时代的竞争武器之一。

四、案例解读:"38女王节"场景营销盘点

"38女王节"刚刚过去,我们一起来盘点珠宝行业的营销案。除了周大福、莱绅通灵、潘多拉少数品牌,以及少数商家如南京新百、万象城、星光珠宝的营销让人眼前一亮外,很多品牌和终端的营销还停留在"玩价格"的阶段:折上折、免工费换新款、限时特惠、满额减等。

（一）女性自信与消费升级

从妇女节到女生节、女神节、女王节，称呼的变化说明了什么？

说明两点：

（1）女性的地位越来越突出，女性希望自己越来越年轻（女生）、越来越迷人（女神）、越来越自信（女王）。有这个前提，在女性的专有节日里，女性开始疯狂消费，女王节也成为黄金珠宝消费的一个重点节日（虽然只有1天的时间）。

"奖励自己"成为黄金珠宝消费的重要理由。

（2）消费在升级，女性消费者不再仅仅关注价格，而是更加关注品牌、产品的寓意、个性化，以及商家的服务质量与消费体验。

但遗憾的是，这个微妙的变化没有被大多数营销人捕捉到，还停留在"3月8日就是个促销的日子"，别人都叫女生节、女神节、女王节，我也叫吧，至于内容，还是价格手段最有效。

除了价格，营销不会玩了。我就想问一句：你的价格真的那么低，有利润吗？如果不是真的那么低，岂不是在玩数字游戏，欺骗消费者？欺骗消费者的生意能持久吗？超低的价格能有多少利润？

（二）领军品牌的新营销亮点

我一直说，营销有四个要素：产品、价格、渠道、推广。营销理论进化到新营销（社群营销）理论阶段，这四个要素也要进化：提供愉悦**体验**的个性化产品，创造**场景**实现场景价格，利用新连接器多渠道**连接**消费者，为消费者提供**价值贡献**。

为什么周大福、莱绅通灵、潘多拉这些品牌那么优秀？为什么星光珠宝能一枝独秀？这些品牌、商家或多或少洞察了时代的变化，践行了新营销的某种要素。

既然是女生节、女神节、女王节，在策划主题上就要让女性消费者有被宠、被尊重的感觉。难道低价的产品能包装出女神来？难道女王尊享就是低价？错！女神、女王是一种感觉，女神要被膜拜，女王要被敬重。这种感觉一定要借助产品、场景体验来实现，要借助尊贵服务来实现。我们看看行业领军品牌是如何策划的。如图6-17所示。

图6-17 潘多拉的摩登女王产品系列

潘多拉的女王系列产品告诉你，佩戴这些产品才有女王范。口红、短裙、红高跟鞋、手包、红酒杯一起搭配，就是摩登女王。消费者调侃：一入潘门深似海，一颗一颗接着买，女王系列更要买。

莱绅通灵用"注册领取王室好礼"活动告诉消费者：我是王室珠宝，连接我，马上给你送王室礼品。

周大福用"外国帅哥集体给女性送玫瑰、免费合影"告诉女性消费者：今天，你们是女神、女王，周大福要给你们一份尊重和爱意。

星光珠宝用产品搭配活动告诉消费者：每一个女性心中都住着一位女神、女王，为你心中的女神、女王个性搭配吧，搭配出色的还可以赢取名牌香水和口红。

（三）场景、体验、价值和新技术，一个都不能少

以上优秀的品牌和商家用了哪些新营销的手段呢？

潘多拉和星光珠宝用的是产品这个要素。

给消费者提供愉悦体验、个性化的产品，让消费者自主选择。作为商家，星光珠宝深知，每个消费者的需求都是不一样的，甚至消费者不知道如何搭配才有女神范、女王范。那好，我们一起来创新搭配，助你成为女神、女王。星光珠宝的"晒搭配赢奖品"活动也就成了连接器，会吸引时尚个性的消费者前来选购与搭配。

星光珠宝还使用了价格要素，实现了场景价格。

在星光珠宝宿州分店，就有一位女性消费者让营业员编制了"腰缠万贯"的黄金产品来表达自己的女王期望。不同的产品搭配代表了不同的场景与感觉，不仅实现了连带销售，还实现了场景价格。

周大福和莱绅通灵使用的是渠道和推广两个要素。

周大福用场景和帅哥与消费者连接，借助送玫瑰的仪式感推广品牌。莱绅通灵利用的是网络与用户连接，用"注册会员领礼品"来连接潜在用户。这些活动的指向就是新营销的推广手段——为消费者创造价值、做贡献。

所以，不要说只有低价才能吸引客流进店。有价值、有创意的活动照样吸引客流；低价吸引的是低端消费者，价值活动吸引的都是高端消费者和新生代消费者。

为什么很多珠宝店到了晚上6点就关门了（不关门也没有客流），因为你只会做低价吸引老年消费者，年轻消费者和高端消费者进店的很少。晚上，年轻人和高端消费者的夜生活才刚刚开始。以低价作为推广手段的珠宝店铺和营销人，真的要认真反思。

我一直强调一个观点，营销无论怎么进化都离不开产品、价格、渠道、推广四个要素。在新营销（社群营销）阶段，产品、价格、渠道、推广四要素则离不开场景、体验、价值贡献。

价值贡献是核心，场景是前提，体验是过程。

所以，消费升级扑面而来，构建场景让消费者体验价值，是企业的关键营销职能和核心竞争力。

总而言之，优秀的品牌和企业都会借助营销的四个基本要素，创造场

景、邀用户体验、为用户贡献价值。一句话，新营销就是用户思维。在操作上，场景、体验、价值贡献和新技术应用，一个都不能少。

周大福在妇女节策划了一个很好的品牌活动——"现代女性大解码"，邀请很多行业的女性精英发表自己的见解，同时在微博上设置"现代女性大解码"话题讨论。这个创意很棒，但是仅仅利用了微博这一工具，而没有结合微信、知乎、直播、头条等新平台、新工具，结果参与和传播效果有限。

所以，除了场景、体验、价值外，新营销还要会利用新技术和新工具。比如IT技术，社交工具（微信）、App、直播、小视频及智能产品，这些新工具不仅具有时代感、有良好的体验性，更能将全国的消费者便利地连接在一起，实现智能化的管理与数据的收集。有了数据收集，今后就可以实现促销的窄告。

观点摘要

1. 消费者愿意为体验和社交付费，主流消费逻辑已经发生了变化。场景是体验和社交最好的载体，满足新生代消费的新需求。

2. 场景始终都在。场景的本质是生活逻辑，打造场景，本质上是在还原一种生活方式，提升生活品位。

3. 场景就是空间、仪式加文化体验的叠加。制造场景首先要善于利用空间、仪式与文化。其次是用户思维，毕竟场景感的底层逻辑就是用户思维。

4. 超强体验性、连接质量和情感输出，是场景设置的指标。

5. 品牌忠诚度的另类解读，就是你消耗用户时间的长短。学会用场景来抢占用户的时间，这是新时代重要的运营课。场景师也将是新的最热门的职位。

第七章

新连接

一、珠宝终端，邀客为什么那么难

我到河南、湖南、安徽、四川的很多城市出差，和很多零售老板、珠宝同行聊天，发现一个词汇出现最多：邀客难！

就是说，在经济下行的大环境下，生意难做、竞争激烈，为了业绩达成，每周、每月不得不策划大量的活动，不管是公益性质的还是促销性质的，邀请客户参与实在是太难了。

（一）搞定消费者的两大套路

店铺邀客为什么那么难？因为有的店铺是和消费者玩心眼、玩算计、玩钓鱼。一句话，是和消费者比聪明，消费者上当后就不再相信了。关键是你出第一招，消费者就知道第二招、第三招是怎么玩的。

比如你搞 VIP 品鉴会、私享会，为邀请大客户参与送礼品。但是在邀请前已经布置了销售任务，贵宾参加活动时，店长、柜长和导购员总不忘推销。对于消费频点很低的产品，如家电、珠宝、汽车品类，消费者很多时候是没有消费需求的。你不厌其烦地推销，顾客心中不悦，会找个理由退场。关键是你的 VIP 客户有限，一年内对一位客户邀约了 N 次，这已经不是贡献而是骚扰了。

门店邀约的策略就是钓鱼，给礼品就是鱼饵，目的是销售。第一次如此，第三次还是如此，消费者就明白你的套路了。如果有时间就参加，领了礼品就走；很多人连参加都不参加，直接拒绝。对他们来说，你的礼品没有档次和品位，参加这样的活动纯属浪费时间。甚至有贵宾直接说："如果需要，我会在你们家消费的。别天天给我打电话邀请参加活动。"

这是忽悠 VIP 客户的套路，导致贵宾生厌，要命的是不信任，客户会慢慢离你而去。

以公益或者超低价的噱头来促销，吸引的是中低层的消费者。以珠宝行业为例，原价 398 元的纯金貔貅，找朋友帮忙，砍价只需 99 元。结果是消费者费了九牛二虎之力为你宣传，拿到手的产品才 0.2 克，算起来比正常的商品还贵。关键是那个黄金貔貅太小，能看不能戴，只有买配套的红绳或珠串才能使用。很多消费者认为这是一个骗局，然后就利用自媒体谩骂店铺与品牌。

水晶吊坠免费送，免费抽奖领珍珠。很多人冲着免费奖品来了，来了以后发现，产品没有打眼洞、没有挂绳，你要打个眼洞 10 元，买个挂绳最低的 30 元，很多老年人和消费小白（首次消费这个品类的不识货者）高高兴兴地领了礼品，再接着打眼洞、买挂绳，以为捡了大便宜。在亲友的提示下，在网络上一搜，发现这个产品才几元，大呼上当。

这是忽悠一般消费者的套路。你现在看看，商场里面免费抽奖领珍珠、水晶、玉器挂件的活动，还有没有人参与，消费者被忽悠怕了。

营销的定义原本是：营造消费者对品牌的信任，从而推动产品销售。现在的情况变成忽悠与欺骗，营销被消费者定义为忽悠。

这不但是营销界的悲哀，而且是零售界和品牌界隐藏的危机。失去了消费者的信任，还谈什么企业转型、新零售、新营销，直接关门吧！

现在是什么时代？消费者主权时代！新生代消费者借助网络比你还聪明，再和用户玩心眼，算计用户，离倒闭没有多远了。

（二）邀客的本质是什么

邀客的本质是为消费者做贡献，让他们体验品牌特色、产品特色，是情感连接，而非仅仅是产品连接。如果用户信服你的品牌、产品，有需求他们会购买的，而不是以品鉴的名义捆绑销售，不是以免费的名义算计用户。

新营销的理念：傻傻地为用户做贡献，静待美好发生。

新营销的场景：设计场景，满足用户对体验和社交的新需求。

新营销的服务：借用新技术，线上线下为用户做贡献，实现效率协同。

除此之外，别无他法。

和消费者比聪明，你就输了未来！

和消费者比傻，你就赢得了人心！

傻，就是大智若愚！

二、精准聚客的秘密与销售转化的逻辑

如今，珠宝店铺聚客有哪些痛点？

（1）引流难。

新顾客不信任，老顾客厌恶。你的引流怎么不难？

引流难的主要原因是商家缺乏诚信。要知道，现在是消费者主权时代，消费者比你还聪明。为什么消费者越来越倾向于选择周大福、周生生等港资品牌，不是说它们的广告做得好，是它们不做忽悠或欺骗消费者的活动，赢得了客户的信任！

（2）没转化，业绩差、利润差。

当然，也有很多店铺不欺诈不玩套路，免费送大米、食用油、鸡蛋、水杯，都是实实在在的产品。人很多，但是来的都是老人，领完礼品就走。销售没有转化！或者免费换新款，真的是免加重、免工费、免损耗，是亏本的以旧换新，寄希望于顾客能多买一些首饰来弥补亏损。结果，来换的基本上不会加重。这又出了什么问题？

问题出在聚客的策略上，缺乏精准聚客。也就是说，你的策略不对，召集来的不是精准客户，他们没有强烈的消费需求，强烈的倒是占便宜的心理。

送米油等日用品，吸引的肯定是老人，他们没有太多的事情可以做，

又有大把的时间要打发,你免费送东西正中下怀。有人说,这是城市小,人们素质差。错!这是人性。在上海,一群群退休的老人为了领免费的东西,浦东的到浦西、浦西的到浦东,反正坐地铁老人不要钱。

你的免费换新款针对的主要都是广场舞大妈。只有中国大妈喜欢买黄金,她们手里黄金多,还喜欢换新款戴。而年轻人买黄金的基本上是 3D 硬金或者订婚时的三金,对他们来说具有强烈的纪念意义。再说大家都在免费换,中国大妈一年都能换 N 次了,所以她们不愿意加新金,就是来占便宜的!

礼品不对,营销策略不对,没找到精准的客户,比如刚需的结婚人群、需要婚庆纪念的夫妻、需要送礼的人群。如何找到这些人群并吸引他们到店,我将在后面的课程中分享。所以,策略不对,也不会有销售转化。这是热闹过后没业绩或者没利润的现象与原因总结。

(一) 精准聚客的秘密是什么

这里有两个词组需要拆开分析:一个词是精准,一个词是顾客。精准聚客就是:有需求的、想买的来了;以前买过的来了,本来没计划买,结果被感染了又产生了购买。

对于珠宝来说,这是一个消费频点比较低的商品。有需求的、想买的新顾客居多,买过的也就是在店铺消费过的,都是老顾客。我们聚集两类人:有需求的新顾客能来,对店铺熟悉的老顾客再来。这就是精准聚客。

简单地分,顾客有两种:新顾客和老顾客。我们来逐一分析如何精准吸引这两类人进店。

新顾客为什么能来?他刚好有需求,你刚好有供应。这是前提!如果没有需求,让他来,就不是精准!精准就是将有需求的新顾客吸引到店铺里。如何吸引他们进店?有两个步骤:

发现你、愿意来。

第一步,要让刚需的新顾客发现你。

也就是说,要让新顾客知道你的品牌、店铺在哪里。毕竟卖黄金珠宝的品牌和店铺很多,所以,让刚需的新顾客发现你,知道你的店铺或专柜很重要。这是精准聚客的前提。

如何让新顾客发现你？做广告还是其他方法？对于珠宝大店或多年的老店，广告当然很有效。但是对于珠宝小店来说，这不是现实的选择，也不是经济的做法。

怎么办呢？就是"到有鱼的地方去看鱼"，新人购买黄金珠宝是刚需，他们有哪些消费呢？

大致是：装婚房——买家电（汽车）——定亲——拍婚纱——定酒店——买钻戒、三金——婚车礼服——喜烟喜酒——婚礼策划。

也就是说，他们会出现在建材企业、家电企业、民政局、婚纱店、大酒店、珠宝店、服饰企业、白酒企业、婚庆公司的终端店铺。我们要让刚需的新顾客发现你，你就要在这些地方和他们见面，或者在一个地方，比如民政局拦截，或者与家电、婚纱、汽车、酒店、白酒、服装、婚礼策划公司一起做异业联盟，让异业推荐你。这就叫让刚需的新顾客发现你。

第二步，愿意来。

新顾客发现你是个前提，你得给他们一个理由，愿意到你的店铺或专柜来。对他们来说，到你这里来也是有成本和风险的。如何让他们来？这就是策略问题，比如送一个他们很需要的又可以免费的商品，或者合适的品牌与超低的性价比。总之，你要有让他们愿意来的策略。

吸引刚需的新顾客进店的秘密：让他发现你并愿意来！

当然，有刚需的新顾客也很多，比如生日刚需、情感刚需（如情人节、七夕节、母亲节、结婚周年纪念日），这里不一一介绍，后面的课程会有介绍。我们来看，如何让老顾客到店铺来。

珠宝是个消费频点比较低的商品，你如何吸引顾客经常来呢？一是强化尊享体验，邀请顾客一起玩一起嗨；二是强化服务，用新服务吸引顾客前来。一句话，和老顾客交朋友。用情感连接而不是产品连接。老顾客来了以后再自然转化。

（1）和老顾客交朋友，邀请顾客一起玩一起嗨。

老顾客对你比较熟悉，有一定的信任基础。要邀约老顾客来的理由一定是很多尊享的体验活动，比如生日会尊享、亲子活动体验、新奇好玩的场景体验、年终 VIP 尊享内购会等。强化体验、强化场景、强化尊享，弱化产品、弱化推销。

（2）增加新服务、新设备、新管理制度，让员工成为老顾客进店的流量入口。

比如爆米花机、棉花糖机、乐高机器人模型、茶水吧、点心、冰淇淋机等。这些是为了体验优质服务而引进的设备，一定是为了优质服务。

操作的几个注意点：

·设备制作产品要有一定的时间，以享受的名义来浪费消费者的时间。一是增加顾客逗留时间；二是降低成本。比如爆米花、棉花糖需要一定的时间制作，顾客可以排队等候，营造客流。

·对于点心、冰淇淋等产品，会员可以用积分冲抵后免费领，非会员半价使用（比成本价略高）。

·不要心疼服务成本，这只是将引流的广告费转化成服务成本费用。

新管理制度就是激励员工为老顾客提供超值服务。

第一个制度是店铺的大客户尊享管理制度。比如制定大客户的尊享制度，如生日尊享、大货价格尊享等。

第二个制度是服务创新制度。比如给予店长和柜组经理一定的权限（主要是服务费用的权限，比如每月不超过 200 元）。一旦发现大客户的个性化需求，比如客户开了新店，可以送鲜花绿植；客户获奖，可以送束鲜花表示祝贺。

总之，大家可以自主创新提供服务方案，事后写出服务案例，公司给予报销和表扬。有这样的制度，店长和柜组经理才能有创新的主动性，优质服务的积极性。一旦发现优秀的服务案例，可以固化下来，作为新的服务举措。

老顾客不愿意进店的抗拒点就是总让他买商品，化解这个抗拒点就是与销售无关。全部是情感连接，让你尊享体验，把你当作朋友，大家一起玩一起嗨！这就是吸引老顾客愿意进店的秘密。

（二）销售转化的逻辑是什么

顾客来了以后，要有策略，让他们自动销售转化，这样邀客的目的才算实现。当然，销售转化是自然而然的，而不是强硬地搞什么素转非，或者其他欺骗套路。

让有需求的新顾客购买，要解决三个问题：一是解决信任问题；二是洞察需求；三是购买理由。

解决信任问题：要让新顾客信任你的品牌、店铺、员工，没有信任就没有交易。

洞察需求：搞清楚新顾客的需求与购买预算，站在顾客的立场上推荐，而不是忽悠，或者为了销售业绩搞什么素转非，或者推荐价格高的商品。销售要真善美，不能假大空。

购买理由：给消费者一个选择现在购买的理由，必须在你这里购买的理由。

让需求不明显的老顾客购买，只需要解决两个问题：一是解决痛点；二是被感动。

解决痛点：不买一定是因为没有刺激到痛点。如果发现痛点，用活动刺激痛点，用产品解决这个痛点，老顾客自动会选购购买。

被感动：你的店铺、员工一次次的超值服务，让老顾客感动了，销售就来了。顾客被感动的举动，就是买买买，尤其是不差钱的大客户。即使经济条件一般的老顾客，被感动了，他自己不买也会带亲友前来购买。

三、吸引新顾客购买的连接器（上）

什么是连接器？ 将人、货、场、信息连接在一起的工具就叫连接器。这个连接器可以是人、可以是物、可以是信息、可以是活动。活动就是将"人——顾客、货品——商品、信息——广告"交互连接在一起的连接器。

精准聚客就是将有需求的顾客吸引过来。聚集新顾客，就是把有明确需求的新顾客吸引过来。根据这个逻辑，我们首先看看有哪些新顾客，这些新顾客有哪些需求，然后再根据这个人群设计相关的连接器。其次，如何吸引新顾客？那就是让新顾客发现你并愿意来。也就是说，我们要在这些精准新顾客经常或者必须出现的地方投放广告，让他们发现你，你的活动具备吸引力，让第三方愿意推荐你，新顾客也愿意到你的店铺。

大致来说，精准新顾客有四类人：一是准备结婚的新人，二是孕妇，三是小童宝妈，四是婚庆纪念的夫妻。我们根据他们的需求、出现的地点，设计不同的连接器吸引他们到店，同时有配套的策略进行销售转化。

（一）浪漫婚纱或者珠宝王冠

这个连接器就是用来连接进入婚礼筹备期的新人。新人一般有两个必须去的地方：一是到民政局领结婚证；二是到婚纱店拍婚纱照。也就是说，新人必须出现在民政局和影楼这两个第三方。根据逻辑，我们就要做两个动作：一是在新人出现的地方有广告，或者这两个第三方愿意巧妙地推荐你，让新人发现你，发现你的品牌或店铺；二是设计活动，吸引新人愿意到你的店铺或者专柜。

怎么设计呢？

与民政局联办：祝福新人，婚纱免费领。什么意思？就是新人在民政局登记领证后，民政局可以选择尚未购买三金的新人，说他们是优秀的新人，特赠送一份贺礼卡，凭此卡可到×××品牌专卖店（专柜）免费领取新婚贺礼一份。贺礼有三种：天长地久贺礼（价值2999元的婚纱）、钟爱一生贺礼（价值1999元的婚纱）、掌上明珠谢亲恩贺礼（价值588元的珍珠项链一条）。注意，纯免费！是祝福新人！商品要好，商品太差民政局不会干！

首先，民政局愿不愿意干。一般来说，政府部门是只要业绩不要麻烦，你出钱，让民政局做好事，他们一般会同意的。前提是信任你，或者你的活动是真的。所以，和政府部门打交道，要写报告，把活动内容写清楚，要让民政局领导审核一下商品和活动流程，取得他们的信任。有政绩不花钱，没有麻烦，政府部门基本上会愿意参与。当然，也有过于谨慎的领导不同意，还需要做工作。

其次，新人愿不愿意免费领贺礼。95%的人会愿意到你店铺或者专柜去看看，5%的人不愿意参与，起码知道你的品牌、店铺。这叫精准广告。

最后，操作办法、费用投入与回报是否划算。操作上，新人凭卡到店参加抽奖，来了就抽，抽过即兑奖。每月设置天长地久贺礼1份：送价值2999元的婚纱1套；钟爱一生贺礼20份，各送价值1999元的婚纱1套。没有抽中婚纱贺礼的，全部是珍珠项链贺礼。这是操作办法。

每月的营销费用：婚纱费用2300元（到苏州和广州婚纱批发市场采购，非常便宜，2999元的婚纱200元左右，1999元的婚纱100元左右），其余的是珍珠项链，每条20~30元。也就是说，2300元的婚纱费用可以视为广告费用，相当于你在民政局投放广告费。一个月2300元，让精准的新人看到你的品牌广告，这个投入值不值得？此外，送珍珠项链的费用可以视为精准获客的成本。各位，将精准的客户拉到门店或者专柜，你难道不愿意花20元？这是精准的获客成本，没有一点浪费。

如果来了100对新人，有20%的转化率，就是10对新人，每对新人消费按照2万元计算，就是40万元的销售额。不仅仅是销售额，还贡献了客流与口碑。

再重温一下新营销的本质：傻傻地为目标用户做贡献，建立信任关系，然后静待美好发生。

不推销、无骚扰！纯免费、领贺礼！这是典型的做傻事！做傻事的目的是培育品牌的信任。这些新人刚来的时候，肯定抱着怀疑的态度来试试，结果他们真的拿到了礼品。换成是你，感不感动？意不意外？惊不惊喜？在感动、意外和惊喜中，你的品牌不仅连接了精准的目标客户，也种下了信任的种子。这为接下来的销售转化，或者以后的销售转化奠定了良好的基础。

也许有人说，民政局不愿意合作怎么办？或者我拉新人的目的是卖三金、卖钻石对戒，但是这些新人万一是在领证前就买了三金首饰，我的计划不是泡汤了吗？因为各地的情况不一样，有的是先领证再买首饰，尤其是县城或者乡镇市场。但也有人先买首饰，最后才去领证的。

那么，这种情况如何处理？如果民政局不愿意合作，或者大多数新人是先买首饰再去领证，我们可以直接投放广告，直接告诉市民：本店免费送婚纱，每月30件婚纱免费送，只要是计划今年结婚的新人，到店登记后即可领取。先到先得！只要每月坚持送，就成为品牌活动，就会在市民中传开。如果是30件婚纱，就是1天1件婚纱。先到先得！这样我们可以提前吸引新人们到店。

这是第一件连接器：婚纱贺礼免费送！我们后面再讲如何向准新人推销产品，进行销售转化。这里接着讲珠宝王冠连接器。珠宝王冠连接器也是连接新人的道具，这次合作的第三方是婚纱影楼，不是民政局。如果你觉得婚纱贺礼不好用，就可以用珠宝王冠这个连接器。

毕竟现在很多婚纱影楼送婚纱，我们和民政局合作送婚纱是和影楼竞争，如果使用珠宝王冠连接器，就是和影楼合作。怎么合作呢？也就是你要在专柜或者店铺里面搞一个场景：新婚女王场景。就是说你在店铺或者专柜里面准备一顶珠宝王冠或黄金王冠，有一个王宫的背景图、王宫的椅子。这个王冠就是和新人、影楼进行连接的连接器。

新人去拍婚纱的时候，影楼告诉顾客，无论拍多少钱的婚纱套系，都赠送几张女王新婚照。也就是说，新娘可以佩戴几百万的珠宝王冠和黄金王冠拍纪念照。

每个女人心中都有一个女王梦。结婚前戴真金白银的王冠来拍婚纱照，绝对是有吸引力的。影楼给新人化好妆，可以随时带客人到你的店铺里拍这些图片。可以拍两组，一组是西式珠宝王冠婚纱照，一组是中式黄金王冠照。在拍照片之前，可以让新人选择钻石戒指和钻石项链来与西式王冠婚纱照搭配，也可以选择翡翠手镯、翡翠戒指与中式黄金王冠婚纱照搭配。

影楼为什么愿意与你合作？一是你的道具全部免费，增强影楼的差异化竞争力；二是可以资源互换，买你品牌的新人，你可以赠送婚纱影楼代金券，为影楼带客人。这样是战略合作，变成了利益共同体。至于王冠，你可以到工厂定制，珠宝王冠可以使用银镶锆石制作，黄金王冠也专门定制。这样花不了多少钱，有了王冠这个连接器，好处很多。比如在女王节可以做"为女王点赞"的场景营销，也可以做促销活动，买钻石三金满多少元，可以免费拍摄一套女王新婚套系照片，让合作的影楼来拍片。

刚才我们分析了两个专门的连接器——婚纱和王冠，目的是和第三方合作机构把精准的新人用户吸引到门店，进行销售转化。

新客户销售转化的前提是信任你，并给予足够的选择理由。可以说，婚纱、王冠都是免费提供的，绝对是好东西。新人对你的品牌或店铺产生了一点信任，接下来就要给足他们选择你的理由。为什么到你这里买，为什么现在买？

"足够选择你的理由"是在这里买三金和钻戒，可以赠送两个仪式感的体验活动——浪漫求婚告白、掌上明珠谢亲恩活动。你可以把这两个活动的实景视频或者照片放给新人观看感受，相信他们都会愿意选择你。具体的掌上明珠谢亲恩、求婚告白的操作案例，这里不做分享，将在"场景营销案例班"详细解读。这是第一个选择你的理由。第二个理由是现在买，因为你是民政局推荐的五好新人，所以给予一定的优惠；或者你是影楼的客户，而珠宝店铺与影楼是战略合作伙伴，所以有一定的优惠特权。

这是针对新人群体的两个连接器。我们接着分享针对孕妇、小童宝妈和婚庆纪念的夫妻如何设置连接器，来连接这些准消费者。

（二）孕妇贴画或者情侣贴画

这个连接器就是专门连接怀孕 7 个月的孕妇到店铺。为什么孕妇是准消费者？她们再过两三个月就生产了，宝宝生下来后，娘家亲戚会给宝宝送金银儿童饰品。让她们到店铺来，对品牌留下好印象。

对于现在 90 后的孕妇来说，怀孕的时候拍几张可爱、呆萌的怀孕纪念照成为潮流。这个纪念照片可以孕妇一个人拍，也可以和丈夫一起拍。拍照很简单，就是在孕妇隆起的大肚皮上贴安全有趣的贴纸。

具体操作也是免费赠送，孕妇到店扫码或者凭卡片前来兑换。一种方法是和医院妇产科合作，凡是怀孕 7 个月、8 个月的孕妇去做产检的时候，赠送一张卡片，让她们到店领取；一种操作是自己打广告，孕妇到店直接领取。最好的方法是让孕妇回家自己贴好，一是发微信朋友圈或者抖音（感谢××金店、××品牌赠送的萌萌孕妇贴纸），看我的孕妇纪念照；二是发给店铺员工，可以获得赠送 7 寸的纪念照片的机会。

孕妇到店后，你不但免费赠送这些礼品，还要仔细呵护孕妇，并告诉她宝宝生下来后买儿童饰品，宝宝 100 天的时候赠送一次免费的抓周活动。这是给足选择的理由。

（三）儿童抓周

这是针对小童宝妈的连接器。儿童抓周这个民俗，在消费升级的大背景下，受到越来越多家庭的青睐。我们为了吸引小童宝妈到店，就和防疫站合作，免费赠送一周岁以内的小童宝妈一张卡片，凭这些卡片可以享受免费的儿童抓周活动。为什么要和防疫站合作？因为小宝每月都要去打防疫针。

其实，我们连接小童宝妈这样的新顾客有两个作用。一是能带来超级客流。在门店做儿童抓周活动，宝妈会带很多亲戚好友参加；二是强化宝妈对品牌的强信任关系。毕竟，宝妈是一家消费的主要决策者，在今后的女王节、母亲节、"520"、七夕节、情人节，她们是消费的主力军。

搞定这个群体，你的新客户就慢慢变成老客户。为什么选择你？就是你一直默默为她们做贡献，让她们被感动，或者被产品吸引。这个群体一定不要强势推销。否则，你的连接器就变成了鱼饵，会导致宝妈们反感。

这里面有一个操作技巧。为了调动妇产科护士或者防疫站工作人员的积极性，也可以适当给予一定的好处或者礼品。

（四）纯银真爱连心锁

这个连接器主要针对结婚 5~7 周年的婚庆夫妇。婚庆 5 周年、6 周年是值得纪念的年份，7 周年又有"七年之痒"的婚姻平淡期。这个时候，夫妻之间多多少少会购买珠宝首饰送给爱人。一是纪念；二是表达爱意。

如何吸引他们？还是免费礼品：纯银真爱连心锁。这个产品可以定制：锁包＋钥匙，小锁包女士戴，钥匙男士戴。可以编成手链，也可以做吊坠佩戴。最好的办法就是自己做广告，告诉这类新顾客凭结婚证即可免费领取一对纯银真爱连心锁。他们在领取的时候，也要发微信或者抖音，为你的免费活动做传播。

对于婚庆纪念人群来说，需求是有的。你给他们的理由就是：奖励你们的真爱，现在购买婚庆纪念产品享受真爱价，一定的优惠特权即可，这样就能实现很好的销售转化。

我们再来回顾一下珠宝小店吸引精准新顾客的四种连接器：婚纱或者王冠，吸引的是准新人；孕妇大肚贴画或情侣贴画，吸引的是孕妇群体；儿童抓周，吸引的是小童宝妈群体；纯银真爱连心锁，吸引的是婚庆纪念的夫妻。总而言之，就是免费赠送有价值、有意义和体验感的礼品或活动，是和精准客户比傻。目的是获得新客户的信任，然后再做转化。

同样是送免费礼品，老年人就不会过来领礼品了，因为你找的是精准人群。同样是免费礼品，因为有体验感和价值感，年轻人和孕妇一样愿意来。再加上策略和优质服务，销售转化没有太大问题。这四种连接器，前期操作还需要广告，无论是第三者传播还是自己传播，都是需要的。如果坚持做 3~6 个月，市民都知道了，就无需再做广告了，这些新客户就会自动过来，这些活动就成为你的品牌招牌活动。即使竞争对手跟进，大家也会判断这是和你学习的。

这四个连接器除了小店使用外，珠宝大店也可以使用。只不过你的活动规模可以大一些，力度可以大一些。

四、吸引新顾客购买的连接器（下）

除了上面四类连接器外，珠宝大店还有三种连接器。

这三种新连接器分别是：百业联盟连接器、消费联盟连接器、企媒联盟连接器。这三种连接器的性质有点类似，都是靠联盟来吸引客流。

（一）百业联盟，让异业给你带新客户

百业联盟是指珠宝店铺要按照用户的生活方式来整合异业资源，与这些异业资源形成联盟，靠异业联盟带来新客流。这里面的百业不是指 100 家单位，不是确数，而是一个概数。

你的用户不管是年轻人还是中年人，他们总要有理发、美容、唱歌、吃饭、住宿、汽车维修、加油等生活消费。那么你就找这些用户经常光临的场所，如 KTV、饭店、茶楼、宾馆、汽车 4S 店、加油站、电影院、美容美体机构合作，组成联盟。

如何和这些异业合作？方法就是和异业比傻而不是比聪明。什么意思？就是你要为合作的异业做贡献，而不是索取。比如普尼林钻石搞的百业联盟：我们合作，为你做贡献，凡是在这里消费满×××元的顾客，都可以获得一张奖券。顾客在每月制定的日期里免费抽奖，奖品费用我来出，不让你承担。对你来说，只有好处，没有成本。当然，我的奖品是货真价实的商品，要对你的品牌声誉负责。一般来说，异业都会合作的。

可以通过抽奖，利用联盟资源给你源源不断地拉新顾客。这样，你可以长期做，每月都可以做一次抽奖或者两次抽奖。也就是说，你的奖品费用就是获客成本。不但是获得新顾客，而且因为长期为异业伙伴做贡献，能赢得异业老板的肯定与支持。这些老板就是你店铺的 VIP 客户。

异业带来的新客户如何进行销售转化呢？

主要是靠你的产品和优质服务征服新客户。毕竟珠宝不是高频商品，异业给你带来新客户，在抽奖的时候要认真服务好，给客户留下很好的印象，如果他们刚好有需求，就会选购。关键是，你每月要召集异业的老板们多交流生意和生活，他们才是你的重点客户。

有了信任和需求，他们的销售转化相对容易一些。

（二）消费联盟：让资源合力业绩腾飞

消费联盟，就是按用户的相关消费场景找相关单位组成联盟。比如新人结婚会有系列的婚庆消费，包括婚房装修、家具、建材、汽车、珠宝、酒店、酒水、婚纱影楼、婚庆公司等。这都是婚庆消费生态上的企业，店铺可以和这些生态链上的企业的品牌组成婚庆服务联盟。

龙泽润宝每家店铺都有一个异业合作专员，主要负责与异业的联盟和活动推广。最有效的异业引流就是和合作单位开发"婚庆大礼包"，"婚庆大礼包"涵盖新人结婚所需的各种产品与服务，有些产品和服务是免费的。免费的部分由异业承担，这个费用相当于引流成本。

河南的金鑫珠宝就在郑州和洛阳与婚庆生态链的几十家不同行业的品牌组合成抱团岛，做婚庆异业联盟，大家在某个阶段一起做活动，资源共享、客户共享，也可以在短期内形成超强的聚客能力，达成不错的销售业绩。

操作的主要原则是四个联合、四个统一。

四个联合：联合资源、联合代言、联合促销、联合宣传。

四个统一：时间、模板、口径、行动。这里不做详细解读。

一般来说，婚庆联盟对于短期内的业绩提升是很有帮助的，因为婚庆联盟的客群比较精准。

比如宝妈这个群体，就可以按照宝妈的消费轨迹整合相关单位和品牌。奶粉、儿童服装、玩具、儿童摄影机构、儿童才艺机构、蛋糕房，也可以按照这个组成美丽宝妈联盟。联盟内各个行业的各个品牌一起出谋划策，一起为宝妈们做贡献，这个贡献不限于优惠，是一起做最有价值、最有意义的活动。从而不断连接宝妈群体，培养她们对这个联盟的感情，一旦有某方面的需求，就会选择联盟内的品牌。

美丽宝妈联盟可以是松散性的组织。如果珠宝店铺足够大，也可以组织一些活动，为自己的 VIP 会员做服务，有些服务是需要到异业联盟里执行的。

消费联盟带来的新客户销售如何转化？

对于婚庆联盟带来的客户来说，都是刚需。让他们销售转化的关键点有两个：一是价格，二是场景。特别是有价值的场景，能坚定他们选购的信心。

（三）企媒联盟：让传播和业绩一起飞

除了企业联盟，品牌也可以和媒体合作。珠宝店铺在当地都有一定量的广告投放，与很多媒体都比较熟悉。所以，可以借势与媒体合作。这个媒体既可以是新媒体，也可以是传统媒体。

这个合作有两个方向：一是类公益性质的合作，二是销售合作。

我们先看类公益性质的合作。我一直强调，无论和谁合作，一定是发现它的痛点，解决它的痛点，给予利益，才能很好地合作。换句话来说，就是我们给媒体做贡献，给它想要的，巧妙地得到我们想要的。

很多新媒体为了吸引用户，会开展各类评比活动，如最美老板娘、最美家乡菜、少儿才艺、好闺蜜等。评比需要奖品，没有奖品不能吸引人。它的痛点就是吸引用户关注，吸引点就是奖品。媒体缺的不是传播，而是奖品。那么，我们就提供奖品，冠名赞助，这是给予媒体想要的。

怎么得到我们想要的？我们想要的是客流和品牌传播，所以我们只提一个要求：比赛的报名点、比赛点、领奖点是店铺即可。这样，报名比赛的、领奖的，都会到店铺里。举办不同的活动，就是吸引不同的人群过来。

销售合作就是与媒体联合推广某类产品。现在的媒体，尤其是传统媒体，如电视、报纸、电台，不再单纯靠广告挣钱，而是会介入汽车、房产、家具、家电、珠宝的销售，靠销售来赚钱。

这里有两种方式开展销售合作：一是与媒体联办"翡翠直销节""K金巡展""99999至尊黄金展销"活动；二是由媒体牵头，针对特殊人群开展促销，如读者特购惠、听众内购会、广电系统内购会、粉丝福利节等。

这种销售合作的难点是销售额的计算，关键点是信任。只要媒体信任，销售合作就好办。一般来说，由政府主管的新闻媒体不会参与销售合作，而是公益合作；如果是新媒体或者交通广播这类生活类的媒体，倒是比较愿意尝试销售合作。

媒体带来的客流销售转化要看是什么情况，如果是类公益活动带来的客流，一般就是靠店铺活动或者场景来引导转化；如果是销售类的客流，转化的策略就是价格。

五、吸引老顾客购买的连接器（上）

老顾客不愿意进店的抗拒点就是你总是让他买商品，化解这个抗拒点就是与销售无关。全部是情感连接，让你尊享体验，把你当作朋友，大家一起玩一起嗨！这就是吸引老顾客愿意进店的秘密。这三类连接器就是把老顾客当好朋友，傻傻地为顾客做贡献。

（一）员工情感连接器

做商业离不开流量，流量是商业的根本。流量来源无外乎两种：一是黄金位置；二是广告。对于小店来说，大规模的广告是不现实的，即使是黄金位置也有很多品牌在争抢客流。

如何吸引老顾客进店，是一个重要的课题。我的判断是从 2020 年开始，随着时代变迁和商业进化，流量来源已经发生了变化。原因是消费漂移，员工将会成为流量的入口。

2020 年将是一个重要的年份。

一是物联网时代开启，万物互联，导致营销四要素和营销管理发生重大变革，如何应对急速变化的内外部环境，是每一家企业都要面对的新问题。

二是全国重要的地级市、县级市的高铁线路将与省会和超大型城市互联互通，会导致消费者"消费向上漂移"而"品牌竞争下沉"的现象。消费上移和竞争下沉，如何应对激烈竞争成为新课题。

因为交通便利助推"消费向上漂移"，就是低级城市的消费者热衷于到高一级城市消费，比如县城消费者到地级市、地级市到省会城市或者超大型城市消费。同时也因为交通便利，高级城市的投资者将会热衷于跨区域投资，比如浙江商人到湖南投资、江苏商人到河南投资，导致竞争加剧。

在这个背景下，品牌和商家必须回答一个问题，凭什么选择你，先给个理由？我的答案是：践行社群新营销。要么把消费者培养成粉丝，要么把消费者培养成朋友。

谁离消费者最近？员工。所以，员工要靠优质服务和不断的价值贡献来连接老顾客，与老顾客建立强信任关系，员工就会成为流量的入口，老顾客的流量入口。

员工如何与老顾客建立强信任关系，关键在于源源不断地提供并满足每一位老顾客的个性需求，从而感动顾客。

操作方法：

通过微信，发现并满足每一个客户的个性化需求。

现在是移动互联时代，微信成为大家生活和工作的方式，每个人每天在微信上花费的时间在 1.4 个小时左右。大家会在微信上晒行踪、晒娃、晒心情、晒工作、晒生活。

如果员工和老顾客是微信朋友关系，就可以翻阅他的相册，查阅他最近三天、一周乃至半年的生活和工作轨迹，从而发现他的个性化需求。然后，再去提供相应的解决方案。

要让员工有积极性为老顾客提供满意的个性化的超值服务，关键要建立新管理制度，就是用制度来激励员工为老顾客提供超值服务。

第一个制度是店铺的大客户尊享管理制度，制定大客户的尊享制度，如生日尊享、大货价格尊享等；第二个制度是服务创新制度，给予店长和柜组经理一定的权限（主要是服务费用的权限，比如每月不超过 200 元）。一旦发现大客户的个性化需求，比如客户开了新店，可以送鲜花绿植；客户获奖，可以送束鲜花表示祝贺。

总之，员工可以自主创新提供服务方案，事后写出服务案例，公司给予报销和表扬。有这样的制度，店长和柜组经理才能有创新的主动性，优质服务的积极性。一旦发现优秀的服务案例，可以固化下来，作为新的服务举措。

（二）服务设备连接器

第一个连接器是人，是员工；第二个连接器则是物，是指与服务相关的微型新设备。比如迷你型爆米花机、棉花糖机、乐高机器人模型、茶水吧、点心、冰淇淋机等，这些是为了体验优质服务而引进的设备，一定是为老顾客提供优质服务，老顾客只要在附近都可以过来免费享受。

要知道，珠宝是个消费频点比较低的产品，老顾客不可能经常到珠宝店，唯一能来的情况，就是老顾客在店铺附近办事情。如果你有这些服务设备而且对老顾客免费，一般来说，他们会过来享受的。让老顾客占便宜就是一种尊重！

（三）尊享活动连接器

第三个连接器是活动连接器。这个活动分两类：一类是和珠宝相关的，一类是和生活相关的。不管是和珠宝相关的还是和生活相关的，都是为老顾客做价值贡献。

和珠宝相关的活动，比如每月的免费换新，每周的 DIY 编织赛，免费清洗、免费换绳编绳等活动；与生活相关的活动，比如集体生日会、免费插花、各类亲子活动、免费美甲活动，甚至是周末农家乐、绘画、手工等艺术活动等。

（四）邀请老顾客进店的操作注意点

现在是休闲时代，周末享受亲子时光或者悠闲慢生活成为生活习惯。而周末消费也是商业的规律，有以下注意点：

（1）周末活动最好以品牌为单位来组织，亲子活动、插花、踏青、DIY 编织、观影等。可以与行业相结合，与品牌相结合，可以与消费者的生活相结合。

（2）规模不宜太大，二三十人都可以（大店也可以根据场地和组织能力来安排）。要保持每周末都有活动，活动有学习、有 PK、有社交。总之，要有体验感、代入感和时代感。

（3）邀请会员做活动就是做贡献，千万不要和销售挂钩。不要求员工销售（员工没有销售压力，会员就没有购物的压力），只要求服务好进店的客户。否则，会员以为你的活动就是诱饵，就是卖产品，再邀请就不会参与，这是重点。

贡献的目的是和消费者交朋友，是情感连接，不是产品连接。

（五）老顾客销售转化的逻辑

老顾客进店后，销售转化尤为重要。

让需求不明显的老顾客转化购买，只需要解决两个问题：一是解决痛点，二是被感动。

上述连接器小店可以使用，珠宝大店更可以使用，服务范围可以更大、更优质。比如有的店铺增设了咖啡馆、儿童游乐场、才艺小剧场等。会员免费或半价，就能吸引老顾客。比如每月举办大型的会员日活动尊享，或者每月举办会员集体生日会活动，与其他异业联办的高规模的亲子体验活动等。总而言之，在不同的时间节点，不忘为老顾客做贡献。

六、吸引老顾客购买的连接器（下）

除了这三种连接器，大型店铺还有其他三种连接器可以使用。一是竞猜连接器，"猜金价赢黄金""猜价格拿礼品"等；二是网红连接器，可以邀请当地的网红到店开展相关的活动，比如直播、竞技等，吸引老顾客中的网红粉丝参与，也可以自己培养美女网红员工，利用抖音、直播平台来传播品牌，吸引顾客进店；三是珠宝课堂连接器，就是长期开展珠宝课堂活动，邀请老顾客免费参加，让他们体验品牌特色、产品特色和门店服务特色，以此来聚集老顾客。

（一）竞猜连接器

竞猜分为产品竞猜、价格竞猜、专业知识竞猜。比如金价竞猜，可以在每周一发布周五的金价竞猜活动，竞猜内容要简单，如周五金价是涨还是跌？这样，猜中的概率都是50%，凡是猜中的客户周五到门店参加抽奖，可以领取不同的奖品。一等奖，奖励10克金条；二等奖为玩偶或其他奖品；三等奖是感谢奖，为购物代金券。还可以是产品价格竞猜，比如发布一款新产品，让老顾客猜价格，竞猜价格最接近的前30名赠送礼品。还可以竞猜专业知识，比如发布50分或者1克拉的包镶产品，让大家猜测钻石的大小。

总而言之，竞猜连接器的操作关键有三点：

一是要有一个虚拟社群，将老顾客组织起来，在这个社群上发布竞猜信息。没有虚拟社群，无法便捷地将会员组织在一起做竞猜活动。这个社群工具可以是微信群（店长或柜组经理组建管理的不同的群），也可以是公司的微信公众号或者小程序应用。孩子王组建各类顾客兴趣圈子，除了分享这类圈子的兴趣知识点，也会经常开展与这个兴趣相关的精彩活动，将猜中者组织到店领取奖品。

二是设置的题目要简单有趣。参与门槛要低，如果参与门槛高，大家就没有积极性。

三是定期举办。将规则说清楚，奖品要实在。只有定期举办才能形成认知，这样活动才能越来越热闹；因为你是为老顾客做贡献，不能玩心眼欺骗他们，否则不如不做。

（二）网红连接器

随着社交媒体的普及化和智能化，网红诞生的速度也越来越快。网红本身就自带流量，因为网红的类型比较多，有知识型的（专业领域大咖）、有秀技术的……我们可以邀请不同的网红前来表演。**利用网红是把线上流量导入线下最有效的策略。**

另一种是自己培养网红。大型店铺员工比较多，你可以专门招聘艺术院校的毕业生从事营销工作或者导购销售工作。在工作之余，支持他们开通各类自媒体，用奖品为他们吸引粉丝，把他们培养成专业的知识型的网红，比如时尚搭配师、翡翠西施、珠宝顾问、钻石王帅哥。

不管是抖音还是微信，网红一定有大量的点赞、评论。为吸引点赞和评论，可以设置奖品，吸引网友参与互动，达到传播的病毒式裂变。

这个不要怕花钱。当然，在培养员工成为网红的操作上，可以事前签订一份协议，明确责权利，以免发生不愉快。如果你的店铺有几个不同类型的网红，你的店铺也就是网红店铺。网红是自带信任和流量的，网红巧妙推荐，销售转化就会水到渠成。

（三）珠宝课堂连接器

现在是休闲娱乐时代，场景营销比较火爆。场景的本质是生活方式，场景营销的本质是还原某种生活方式，给足用户仪式感、参与感和荣耀感。大型珠宝店铺开展珠宝课堂活动，就是寓教于乐，与老顾客进行专业化的沟通，以场景化让老顾客来体验品牌特色、产品特色、店铺的服务特色。

大型店铺可以开展哪些珠宝课堂呢？

珠宝的制作课堂，比如钻石镶嵌、银锁刻字。

珠宝编织课堂，比如DIY手链、脚链、玉绳、辟邪神器。

课堂就要有教与学的场地和道具、有老师。大型店铺应该开辟一个区域，最好在服务区，并购买相关的设备设施。比如钻石镶嵌的教学，你可以购买纯银戒托和锆石及简单的镶嵌工具，一套简单的镶嵌工具160元。老师就是专业师傅，学生就是老顾客家庭，或者情侣，或者母子、父子。星光珠宝的克拉恋人、我是小银匠就是这样操作的。"520"邀请夫妻一起镶嵌克拉钻，儿童节打造纯银锁片，主要是让老顾客体验专业的镶嵌工艺和刻字工艺。

珠宝课堂前期招募学员，可以免费参加，甚至让学员之间进行PK，获胜者再给予小奖励。做几期后，这个活动会在会员中传播。在后期，参与的人多了，就可以收取一定的材料费。注意，这个材料费是以储值卡的形式全额返还给顾客的，顾客看似交了材料费，其实还是他的。顾客亲手制作的产品不仅可以带走，返还给他的储值卡还可以无限额消费。也就是说，顾客用这个可以选购任何产品，视作现金，没有任何门槛，这可以促进老顾客的销售转化。

珠宝课堂的编制赛：一定要把各类珠串、材质的寓意说清楚，让老顾客自由发挥，将他们的愿望和祝福编进去。一般来说，老顾客把寓意和祝福编进去，这件产品和他就有了联系，很有可能会购买这件代表自己心愿的产品。这是销售转化的策略。

今后，珠宝课堂应该成为珠宝店铺标配的营销连接器。它满足了新生代消费者的新需求：体验性和社交性；能更好地传播珠宝文化和品牌特色。

观点摘要

1. 消费者在不断漂移，你如何连接用户？产品连接已经失去魅力，情感连接的时代到来了。

2. 和消费者比聪明，你就输了未来！和消费者比傻，你就赢得了人心。

3. 价值贡献成为强连接的底层逻辑。价值贡献越大，连接越强。连接次数成为强连接的催化剂。

4. 新奇与有趣也是强连接的手段。场景感和智能设备添置要考虑新奇与有趣。

第八章

新服务

一、大客户漂移，你如何锁定大客户

大家都知道二八法则，即 20% 的客户提供了 80% 的销售额和利润。20% 的客户，就是店铺的大客户。锁定大客户，提高大客户的复购率，一直是运营的重点和难点。

珠宝是消费频点比较低的商品，再加上大客户拥有优越的资源，时代造就的交通便利，让大客户更容易消费漂移。盘点一下，你原来的大客户有多长时间没到店里来了，尤其是 5 年前的大客户、10 年前的大客户。

那么，如何锁定大客户呢？

（一）客户画像：你的大客户是谁

你的大客户到底是谁？在哪里？有什么样的特征？有什么样的生活和消费习惯？你对大客户有过定义和画像吗？他们为什么到你这里买？我可以肯定地说，多数人不清楚，只知道某某顾客在我们这里买的东西多，他就是大客户；只知道他是做生意的或者在哪里上班，住在哪里也不清楚，更不要说他的生活和消费习惯了。

总而言之，不能清楚地给大客户画像，很多店铺只是事后确认大客户，而非提前定义，更缺乏大客户的维护办法。这是行业现状，不是哪一家店铺的问题。

你的大客户是谁？有哪些特征？这要看你的店铺的位置，店铺所引进的品牌档次。位置不同，品牌档次不同，大客户就有所不同。比如你的店铺在地级市和在县城、乡镇，大客户是不一样的；你代理的品牌不同，如周大福、通灵、中国珠宝、中国黄金、老凤祥的品牌，大客户群体也是不一样的。如果你仔细观察就会发现，某类品牌客户群体总有相似的地方。下面，就给大家介绍一下地级市店铺和县城店铺大客户的大致区别，以及如何给这些大客户画像。

（1）县城店铺大客户画像：

县城店铺的**主体客群**：一般来说，在县城的金店，消费者主体是县城的工薪阶层和周边乡镇的小工商业者（比如乡镇开超市的、开饭馆的、卖农资化肥的、卖建材家电的、卖电动车的）、农村人和基层的公务员（比如教师，工商所、邮政所、派出所、乡镇政府党委的小领导和普通工作人员），小部分是县城的工商业者（也就是做生意的那群人）及县城行政机关的底层公务员。

县城店铺的**大客户**一般有三类人：一是乡镇工商业精英，也就是在乡镇做生意比较成功的人；二是县城一般的工商精英（高级精英都会在地级市和省会城市消费奢侈品牌），也就是中小老板，资产几百万元到几千万元的老板；三是基层公务员的小领导，比如校长、所长、副镇长、副主任等，甚至是村支部书记。

（2）地级市店铺大客户画像：

地级市店铺的**主体客群**：一般来说，在地级市的金店，消费者主体大部分是这个城市的工薪阶层和周边县城及乡镇的小工商业者、外来务工人员，以及城市所在地基层的公务员（比如国家行政、企事业单位里的普通工作人员），小部分是城市工商业精英（也就是这个城市做生意比较成功的那群人）。

地级市店铺的**大客户**也有三类人：一是本城市的一般工商业精英，也就是生意规模中等的老板，多数是各行各业的品牌代理商、加盟商或小工程的承包商；二是周边县城的工商业精英，也就是中小老板，资产几百万元到几千万元的老板；三是地级市或县城公务员中的中等领导，比如副局长、校长、所长、科长、主任、队长等。

总结：

（1）下游城市的精英会向上游城市消费。这叫消费的溯源，也叫消费的空间漂移。

（2）县城和地级市金店的大客户有重叠，就是在县城工作或做生意的工商业精英、基层公务员的小领导，他们既可以在县城消费，也可以在地级市消费。这是县城和地级市同行重点争夺的客源。

（3）你的品牌必须匹配你的大客户，否则原来的大客户将会离你而去。很多老店铺的产品品牌没有升级，而你的大客户消费升级了，除了玉器外，如果没有全国性的品牌，你是留不住大客户的。

（4）城市化进程加快，乡镇精英进城给县城的店铺带来了很好的机遇。乡镇的教育、行政事业单位工作人员，小工商业精英"住在城市，工作在乡镇"成为常态。

（二）客户洞察：如何锁定大客户

如何锁定大客户？就是践行新营销，要么把客户培养成粉丝，要么把客户培养成朋友。

对于地级市和县城的店铺老板来说，你的品牌不是奢侈品，你的大客户也很聪明，你无法培养粉丝，剩下的只有一条路，那就是把他们培养成朋友。

所谓朋友，就是月月在一起，一起玩一起嗨。换句话说，就是要发现他的需求，不断地为他解决问题，为客户做贡献。发现他的核心需求、隐性需求，设计解决方案来满足这些需求。

1. 走进大客户的生活和工作方式，洞察大客户的整体需求

（1）通过观察，洞察大客户的工作和生活习惯，发现整体的需求。

在乡镇工作的大客户（行政事业单位基层公务员及工商业者），基本上在县城都有房子，孩子、老婆都在县城生活、学习，自己在镇上工作。有的周一去上班，周五回到县城，甚至有的天天晚上回到县城（自己有车也很方便），他们的消费基本都在县城。

在县城的工商业精英和基层公务员中的小领导在地级市乃至省会城市都有房子，很多家庭的孩子在地级市或者省会城市上学，他们的工作和生活规律和乡镇的差不多，周五回家，周日晚上再回到工作的地方。

这说明什么？说明这些大客户重视孩子的教育，这是显性的需求。老婆和孩子在县城、地级市求学，他们有哪些需求？是不是要找重点学校？孩子分班是不是要找人？是不是辅导班要费心？他们需要教育方面的资源，你能整合教育资源，为大客户提供相应的帮助吗？

乡镇的一般工商业者，有小钱没地位。他们需要什么？需要结识上面的领导，为他代言、为他撑腰，这就需要人脉社交。你能帮他结识更多的上层领导吗？

县城的工商业精英，生活无忧，有钱有地位。他们有什么样的隐性需求呢？显示身份和地位。

中等级别的公务员与基层企事业单位领导（科级），他们有小钱有小地位。需要的是什么？更多的是被尊重或与明星合影的虚荣满足，这也是隐性的需求。

当然，这些都是整体的、共性的需求，有的是显性的需求，有的是隐性的需求，只要多观察、多揣摩，你能发现更多的需求。

（2）通过微信，发现每一个客户的个性化需求。

我们除了发现共性的需求，还要善于发现每一位大客户的个性化需求。谁来发现？如何发现？这就需要员工借助新技术和新工具去发掘，比如微信。如果员工和大客户是微信朋友关系，就可以翻阅他的相册，查阅他最近三天、一周乃至半年的生活和工作轨迹，从而发现他的个性化需求，然后再去提供相应的服务。

2. 设计相关的方案，为大客户提供贴心的帮助，从而赢得信任

说实话，作为珠宝店铺的经营者，我们的商品是低频消费，要和大客户交朋友，就必须靠优质的服务和独特的价值贡献来不断连接大客户，这样才能从商品的弱连接变成高度信任的强连接。从理论上说，就是从产品的供应链走进顾客的需求链，翻译过来就是，我们不仅提供商品，还提供独特的服务。也就是说，客户需要什么，我们就提供什么，而不仅仅是商

品。他需要教育资源，需要结识高级人脉，我们就提供这些服务。

（1）重点学校教育资源的整合。

刚才我们发现，大客户都比较重视孩子的教育，我们要赢得他们的信任，就要提供教育资源的帮助。比如教育局、重点学校和重点优秀教师资源的整合。如何整合？以公益的形式整合。很多店铺不是要做公益活动吗？建议多做敬师助教的公益活动，既有名，又收获了教育资源的人脉关系。有这个资源，才能为大客户提供服务。

活动建议：

成人礼：毕业季与教育局、重点高中举办成人礼活动。——仪式感

谢师恩：教师节赞助重点学校评优秀教师，品牌冠名。——荣耀感

桃花节：赞助重点学校领导、重点班级老师踏青游玩，送礼品、社交。——参与感

（2）高级人脉资源的整合。

针对乡镇工商业精英这类大客户，帮助他们结识领导。比如借助商会活动邀请各级领导参会，组织他们与领导合影或者一起就餐，为他们巧妙地提供社交机会。

案例：

县城公益协会：送书包、拉杆箱、助学济困。

（3）明星资源的整合。

针对县城工商业精英的炫耀虚荣需求，可以在年终的 VIP 答谢会上，或者店庆日邀请明星到场助威，主要是让明星与大客户合影或一起就餐。当然，也可以利用品牌的资源邀请为品牌代言的明星。

（4）服务创新制度的设立。

前三个是资源的整合，主要针对大客户的共性需求。还有的客户有个性化需求，就需要店长、柜组经理发现、创新服务，提供个性化的服务来强化与大客户的连接，强化大客户的信任。这就需要服务制度的支持，比如大客户尊享管理制度、服务创新制度。

(三)客户管理：大客户服务的组织保证

大客户服务措施的落实要靠组织来保证。这个组织就是会员服务中心，它的最高领导人必须是老板，下面具体运营执行的人有总经理或运营副总、营销总监、店长和柜组经理。

老板负责联络和组织重要的活动和人脉资源，总经理或运营副总负责分工和督导，营销人员负责方案和落地，店长和柜组经理负责服务落地。

二、三大策略，让珠宝店铺客流翻番

流量是商业的根本，客流的多少是店铺业绩的晴雨表。如何保证充足的客流是所有运营者最关注的问题。在消费漂移的大背景下，如何让店铺的客流翻番？

(一) 做贡献，用情感连接引流

随着消费升级和消费者主权崛起，店铺引流必须走心：走进消费者的生活方式，为消费者创造价值，让消费者体验品牌的特色、产品的个性或者店铺的优质服务。一句话，要有用户思维，和消费者做朋友，真心为消费者做贡献。

做贡献又有两种做法：一是特别贡献，在特殊节日做特别贡献，包括每月会员生日尊享会、每月会员指定日换新款、店庆日老顾客免费抽奖，做大活动、大贡献；二是周末贡献，在周末为会员做小活动、小贡献。

1. 特别贡献

每月会员生日尊享会：这里不再详细介绍，详见本章案例——珠宝店铺如何做好会员生日尊享会。

每月指定日换新款：为什么要在指定日换新款？适合哪类店铺？操作的注意点有哪些？

（1）为什么要在指定日换新款？

引流利器，快速消化库存。对于很多店铺来说，黄金销售的占比比较大，而且品牌商给店铺的业绩压力也比较大，如老凤祥、老庙和中国黄金等品牌，黄金产品必须要在短期内消化库存，以旧换新就是一个很好的引流手段。

集中客流，促进消费决策。每月指定日开展这类活动，可以带来很多客流，在换新日当天也有很多正常消费的消费者，他们看到客流那么多、生意那么好，不但会加深对店铺和品牌的好印象，而且会促进消费决策。

快速回笼资金，保证新款的更新率。既可以在月末冲刺业绩，也可以快速回笼资金，换来的旧料可以迅速拿到厂家调换新款，保证新款的更新率。

（2）适合哪类店铺？

黄金销售占比较高的店铺，如梦金园、赛菲尔、中金、萃华等。

品牌业绩压力较大的品牌店铺，如老凤祥、老庙等。

综合品类并以钻石珠宝为主推品类的品牌店铺，如金伯利、周大生、潮宏基、周六福等。

（3）操作有哪些注意点？

日期选择：指定日以旧换新最好在每月的下旬举办，比如25号左右，1天或者2天，造成紧迫感，有轰动效应。

换新政策：以保本或微亏为基础，可以不加重、不收工费、不限重，让会员得到实惠，这样才能引爆市场，吸引更多客流。把微亏的费用视作引流广告费和新款更新的成本来分担。

每月都做，形成规律认知。

店庆日老顾客免费抽奖：每家店铺都有店庆日，店庆日也是狂欢日。我们要在店庆日引流，除了价格政策外，一定要拉来老顾客。店庆日老顾客免费抽奖，就是最好的店庆引流方法，也符合"促销要窄告"的要求。凡是持有店铺消费凭证的老顾客，都可以在店庆日免费抽奖。无需购物，仅为答谢。

其实，顾客不在意中多大的奖，而是你的那份心意，那份参与的娱乐，那份自豪感。

只要老顾客蜂拥而至，就会把你的价格策略传播出去。消费需要氛围，只要门店人多，就会有消费。

活动设置"报到"和"抽奖"两个环节。要有时代性，比如报到要有交互性、娱乐性，抽奖可以借助微信的小程序、小游戏，有参与感、体验感，一定要好玩有趣。

2. 周末贡献

周末贡献就是走进消费者的生活，设计各类有趣、有价值的活动，目的是和消费者交朋友，是情感连接，不是产品连接。制定销售目标就是产品连接。请记住，如果有需要，你不需要引导，顾客还是要消费的。

（二）用新设施、新服务引流

现在是智能时代，店铺要引进一些新的设备设施，增加一些新的服务手段来连接用户或潜在用户、路过的客人。

增加新设施：

1. 高科技的新设施

互动的橱窗，互动体验的设备。比如会员的人脸识别，机器人、VR、智能交互的红外感应设备，智能橱窗里面有几十盒礼品，扫码支付几十元可以抽取几百元的珠宝礼品。总之，好玩有趣、智能互动，能吸引客流。

2. 与服务相关的新设备

比如爆米花机、棉花糖机、乐高机器人模型、茶水吧、冰淇淋机等，这些是为了体验优质服务而引进的设备。

有人说，既然是吸引客流，我搞一个儿童游乐设备怎么样？比如摇摆机、滑梯和小型淘气堡等。你在闹市区可以，如果位置一般，我建议不要做儿童游乐设备，即使你的场地足够大。要换成儿童小剧场，并配备相应的设备。原因有三个：

（1）连接客流的效果不同。儿童游乐设备缺乏观众和互动，吸引客流有限。儿童小剧场引流效果显著：可以让孩子参与角色扮演和剧目的排练，可以多次让孩子和家长到门店参与，每个孩子都自带几位家长做观众。儿童小剧场是体验感强、代入感强的客流连接器。

（2）品牌的传播效果不同。相比于孩子的玩乐，家长更愿意看到孩子的才艺。家长发孩子游乐的微信，亲友关注和点赞的就少；而发才艺则关注和点赞的就多。孩子们在表演，家长们在传播。也就是说，家长宣传孩子才艺的时候，就把你的品牌服务传播出去了，这是自带流量的免费传播。

（3）家庭条件不同。一般来说，注重孩子才艺的家庭相对来说比较富裕，购买力也较强。

操作的几个注意点：

·设备制作产品要有一定的时间，以享受的名义来浪费消费者的时间。一是增加顾客逗留时间，二是降低成本。比如爆米花、棉花糖需要一定的时间制作，顾客可以排队等候，营造客流。

·点心、冰淇淋等产品，会员可以免费领，非会员半价使用（比成本价略高）。

·不要心疼服务成本，这只是将引流的广告费转化成服务成本费用。

提供新服务：

我一再强调，品牌要走进消费者的场景，这个场景包括消费者购买产品和使用产品的场景，并根据这些场景来提供产品或品牌的独特体验，从而形成口碑传播和体验依赖。根据使用场景提供不同的服务：

（1）求婚、告白策划与执行服务。

消费者购买钻戒后的使用场景之一就是浪漫告白，每个女孩子都希望男朋友给她一个独特的、个性化的浪漫求婚告白仪式。我们可以根据这个产品的使用场景，在门店为购买钻戒的新人提供这样的场地和免费的策划与协助服务，不在乎场地的大小，在乎仪式感、惊喜感、浪漫感。

（2）提供免费编织、清洗、保养等专业服务。

（3）提供大师开光盛典、周易讲座等服务。

求财、求平安、求富贵是人性使然，可以提供大师开光盛典、周易讲座等活动。一是聚客流，二是服务增加黏性，促进玉器珠宝类产品的销售。

（三）贵宾夜，以顾客尊享引流

我刚才讲了平时的引流办法，比如周末引流、每月引流和店庆日引流的实操案例。其实，还可以在每年 6 月份的年中、12 月份的年终来做超级引流。这就是年中庆之贵宾答谢会、年终庆之贵宾答谢会。这里不再详细讲，重点讲几个操作注意事项。

1. 邀约的尊贵感与神秘性

尊贵感：以柜组或以门店为单位邀约，大店、多品牌的店以柜组经理为主邀约，小店、单品牌的店以店长为主邀约。除了微信邀约与电话邀约外，还要发送电子版的邀约函或者纸质的邀约函，目的是增加尊贵感。反复告诫顾客，必须凭借发送的电子邀约函或者是纸质的邀约函才能参加，凸显活动的档次感。

神秘感体现在三个方面：

一是闭店神秘感。在邀约中告诉顾客活动的时间和地点，全部凭借邀约函进店参加闭店尊享，增强神秘性。

二是价格神秘感。只告诉价格非常低，就是不讲有多低，只有到现场才知道。

三是活动的神秘感。告诉顾客活动现场将有神秘嘉宾或神秘活动，只有参加才能知道。

——越神秘越有传播性，让接受信息的人越信任。

2. 促销要窄告

广告与窄告：做这类活动取胜的关键在于促销要窄告。

广告是指广而告之，是你不知道谁是你的对象，只能广告（虽然 50% 的费用浪费了）；而窄告就是将用户精准地分层，精准地向目标对象传递特惠信息（甚至不同级别的会员收到的特惠信息是不一样的）。这样，竞争对手不知道你的信息而用户知道，既满足了销售需求，又隔离了竞争对手，保护了品牌价值。

窄告的几个核心词语：分层、精准送达、闭店销售、隔离竞争。

老店铺大型促销要窄告，否则会引发竞争对手的抄底跟进大打价格战，导致效果不好。窄告就是悄悄地狂欢，而很多店铺的年中庆或者 VIP 答谢会，把价格宣传得很清楚，生怕顾客感知不到价格的力度。要知道，顾客知道了，对手也就知道了，如果突然给你一个抄底价格，比你还低，你会措手不及，甚至在对手的狙击下效果会大打折扣。

3. 价格策略：保密性到最后一刻

这是指价格的神秘性要保持到活动开始前的一个小时，连营业员都不清楚，否则也很容易被透露出去。具体操作办法是：

·价格政策只有店长和柜组经理提前 1 天知道，并要求严格保密。

·在活动开始前两个小时，提前闭店。开始做相关价格及货品的准备，布置促销的氛围和相关的场地。这个时候，普通员工才知道促销的力度和促销的品类。

4. 产品策略：两个 1/3

也就是说，既然是贵宾之夜，贵宾凭借邀约函才能入内，还要在产品的价格和货品上做到 2 个 1/3。

第一个 1/3 是产品价格策略：1/3 是要处理的货品，价格要一步到位；1/3 是新款货品，价格要有吸引力，以便推新款；1/3 是普通货品，价格比平常略低。

第二个 1/3 是产品策略：1/3 的处理货品的产品和款式要多，不能就几款产品，消费没有挑选的余地就会认为是欺骗。怎么办？从品牌厂家或者兄弟店铺借货，把要处理的货品集中在一起。比如我们做贵宾之夜，曾从周大福厂家借了 300 多件要处理的货品集中到一家门店，价格超低，结果卖了 200 多件货品。

1/3 的新款价格到位，但要限量。这样既引发抢购，也可以促进后续一段时间新款的销售。

1/3 的黄金普货或者珠宝玉器如果滞销，要借此机会倾销，以便回笼资金，加快货品新款的更新率。否则，那些滞销货品不但长期占用资金，还给顾客留下缺新款的印象。即使亏点钱，也要把半年或者一年来的滞销普通货品处理掉，保持新款的更新率。

三、珠宝店铺如何做好会员生日尊享会

2019 年，高铁动车大连通，将地级市及重要的县级市和中心城市、省会城市、特大城市连成一片。便捷的交通会导致消费者漂移加速。

未来 5 年，新生代消费者注重休闲购物，表现就是由逛专卖店向逛购物中心转变。所以，现在大品牌都在抢驻购物中心的黄金位置（购物中心可能偏离商业区，但也阻挡不了大品牌的热情）。毕竟小型专卖店空间有限，满足不了用户对多品牌和休闲购物的需求。

在这个背景下，品牌和商家必须回答一个问题：凭什么选择你，先给个理由？

锁定消费漂移，尤其是大客户的漂移，就要践行新营销。新营销就是：要么把消费者培养成粉丝，要么把消费者培养成朋友。

一般来说，我们要把消费者培养成朋友，毕竟大家经营的不是奢侈品牌，只能和消费者进行情感连接，做知心铁杆朋友。

如何把消费者培养成铁杆朋友？就是利用新营销的两个抓手：连接器和价值贡献。

搞会员生日尊享活动的本质就是为客户做价值贡献，这个活动本身就是连接器。

为什么选择生日这个节点呢？生日是最大的消费节点，但不一定选择珠宝。

生日尊享增加情感连接，促进珠宝消费。

人人都过生日，生日一定有消费。从消费服装鞋帽、电影、K 歌，会不会想到珠宝？

抓住生日这个节点，与会员深度情感连接。新营销要把消费者培养成铁杆朋友。如果你的铁杆朋友过生日，你会不会送份礼物？会不会参加生日聚会？一定会的。

那么，我们做会员生日尊享就是这个道理。

美好生活的标配就是"吃喝玩乐戴"。

抓住一人的生日做文章，可以带动全家人的生日消费欲望，有潜力。

（一）会员生日如何尊享

1. 会员尊享的是什么

一提尊享，很多人是不是就想到特价特惠？这是只会做价格营销的惯性思维。会员尊享，尊享的是仪式感、体验感、荣耀感，是我们制造特别的生日场景，让会员尊享体验。这些全部是贡献，不与销售挂钩。你的目的是发自内心地做贡献，"为朋友喝彩，为朋友祝贺"。是情感连接，不是产品连接。所以不提销售，但会实现销售。

2. 会员尊享的两种做法

会员有超级VIP，有一般会员。不能将超级VIP和一般会员聚在一起做活动，一定要分开做尊享。

超级VIP的生日尊享：就是专门为超级VIP定制生日蛋糕，让其到门店去取。在领取蛋糕的时候，设置特别的小仪式、小场景来感动超级VIP。如果在生日前后购物，还可以享受特别的优惠。

普通会员生日尊享：就是每月在固定的时间内召开会员集体生日会，凡是本月过生日的会员都可以参加，普通会员可以带1~2名亲友参加。在集体生日会上通过分享蛋糕、拍卖、秒杀来推介新产品和处理滞销商品。同时，给普通会员和他的亲友每人一份生日礼券（代金券100元、50元）。

（二）会员生日尊享会的操作

1. 贵宾尊享生日会

邀约：提前5天和VIP预约到店，选择蛋糕的样式和祝福语。

店长或者品牌经理亲自预约。除了电话预约外，还要再发一个H5的邀请函。为什么要发电子版的邀请函？就是仪式感、尊贵感、时尚感。

可以邀请贵宾和亲友一起到店选择。

顾客选择蛋糕离开后，店长和柜组经理要查阅贵宾一年来的微信动态，挑选10张左右的照片和信息，回顾贵宾一年的成就、荣耀和美丽生活，编辑成一个动态的电子音乐照片，以便在领取蛋糕的祝福仪式上，给贵宾一个惊喜，这一点不要告诉贵宾。

活动与流程：

（1）在贵宾生日当天的 12：00 或 15：00 前邀请贵宾到店领取蛋糕。最好贵宾能来 2~3 个人，家人或亲友都可以。

（2）举办一个小型祝福仪式，要有主持人，简洁、大方、时尚的背景板，播放轻音乐与生日歌。安排店长、柜组经理和店员 5 人左右的观礼团（上半天班的柜组员工可以参加）、连同贵宾亲友一起向贵宾祝福。结束后，贵宾带蛋糕离开。

（3）顾客进店后，轻音乐响起。主持人开始主持，贵宾及观礼团就位。播放电子音乐照片，给贵宾惊喜。然后，给贵宾戴王冠，播放生日歌，大家一起祝福。结束后礼送贵宾离店。

注意点：

（1）整个流程要集体讨论并反复预演，确保整个流程流畅，各环节衔接到位。

（2）最好店内有电视机、液晶显示屏，可以播放电子音乐照片。

（3）如果贵宾因特殊情况，没有时间到店领取蛋糕，安排店长和柜组经理给贵宾送上门。

（4）贵宾领取蛋糕的意思在于仪式感和情感，所以选择的时间节点和场地要保持安静。大店可以搞一个综合多功能区域来做，小店最好在客流不多的时段举办。

VIP 会员，生日蛋糕赠送操作失误案例解读：

（1）蛋糕的档次不行。

（2）祝福是围绕客户的，不能围绕品牌。

（3）缺乏仪式感，不能来了就领走。

（4）在品牌 LOGO 前拍照没有意义，又让 VIP 会员反感，究竟是纪念你的品牌还是纪念 VIP 的生日祝福。

2. 普通会员集体生日会

邀约：以柜组为单位，筛选本柜组普通会员本月生日的人数，并在会员活动的前三天进行邀约。除电话外，还要发电子邀请函，会员可以携带

2~3名亲友参加。

活动与流程（活动控制在90分钟内）：

（1）提前3个小时布置场地，茶水点心、拍卖或秒杀的商品、集体生日蛋糕。

（2）接待环节：不当班的员工接待本柜组的会员，为会员服务。会员签到，领取生日代金券，比如会员100元、亲友50元。

（3）活动：小型文艺演出＋新产品秒杀＋拍卖＋集体生日庆典＋抽奖。

（4）集体生日庆典时，企业负责人（老板或副总）在场致辞，并邀请会员代表一起倒香槟、切蛋糕。

注意点：

（1）集体生日会最好选择在中旬或上旬，每月时间固定。不管会员是哪一天的生日，只能在这一天参加企业举办的集体生日尊享会。

（2）代金券如何使用要说明清楚，力度要比平常的优惠大一些。

（3）秒杀的产品一定是新产品、新款式，新款要让会员提前尊享，让会员戴得美，给宣传预热。优惠的力度要大，要制造气氛。毕竟只有几款产品秒杀，抢不到的可以以优惠的价格购买。

（4）参与拍卖的产品起拍价要比成本价略低，这样才能刺激出价，出价最高者获得。克拉钻、玉器、珠串都可以，黄金摆件也可以。

（5）活动计划15：00举办，要通知14：30开始。因为很多人习惯延时30分钟，这样就可以在15：00准时举办。员工要接待好会员，全程陪同客人。活动没有开始前，可以陪同会员欣赏货品，或介绍领导给会员认识。

（三）蛋糕房资源如何整合

不管是超级VIP的尊享生日蛋糕，还是普通会员的集体生日会，都离不开生日蛋糕。所以，尊享生日会的关键点是蛋糕的质量和口感必须好。这是连接道具，必须有品位，才能为品牌加分，所以，要找当地最好的蛋糕店来合作，可以把这个资源整合进来。怎么合作或者整合呢？

1. 发现痛点，给予利益点

一个店铺，尤其是老店，VIP的数量应该不少。送蛋糕的费用是一笔不小的开支，所以蛋糕的采买价格要实惠，一般来说标价200元左右的蛋糕成本在40元左右，团购可以降到60~80元/份。算一下，你一年能购买多少蛋糕，根据这个量来谈判。

要和蛋糕房合作，要会发现对方的利益点和痛点，用我们的利益点去解决他们的痛点。

痛点：高端客户可以提升品牌价值，实现高端产品的销售。蛋糕竞争也很激烈，很多外地的连锁品牌也在到处开店，攻城略地，当地的蛋糕房的痛点是如何和他们竞争，把高端客户留住。

利益点：我们的贵宾都是高端客户，从蛋糕房里定制高级蛋糕，就是让城市里的精英品尝好蛋糕。一位贵宾认可你的蛋糕，他的家人、朋友都会选择你的蛋糕，我们是在为蛋糕店拉高端客户。同时，蛋糕店可以将蛋糕陈列柜放到珠宝店铺里，我们可以向超级VIP推荐，让这儿成为蛋糕店的新型门店，这些都是利益点。

2. 质量把控与长期合作

蛋糕的质量一定要把控好。否则，好事变成坏事。另外，我们除了采买蛋糕，还不定期采购点心、月饼放在门店，让会员免费品尝。合作方最好能把蛋糕柜放在门店，这样既宣传合作方的品牌，也可以让员工为合作方推荐产品。当然，产品推销后合作方要给员工奖励。

四、别用免费服务把顾客惯坏了

目前进入了休闲娱乐时代和消费者主权时代，各行各业都开始设计各种各样的体验活动邀请用户参与，悄悄地为用户做贡献，这是新营销的做法，也是积极而美好的开始。

但为了集客、黏住顾客，很多企业对顾客实施的体验服务是全免费的。

这种做法要修正！真正的优质服务是收费的而不是免费的。全部免费的服务不仅会把顾客惯坏，还会大幅增加成本而无法持续。如果养成免费的习惯，顾客会觉得理所应当，如果收费就会远离你。

我在本书中倡导的很多新服务可以用会员积分来冲抵，而不是全部免费。对于一些人来说，全免费他还会警惕。

要让会员付费，他才珍惜！

付费会员模式的本质是经营会员，为经营商品奠定坚实的基础。通过收费，可以优选到优质的用户。

好市多（Costco）超市的企业税后利润等同于会员费，也就是说，Costco只挣了会员费，没从零售中挣到钱。所以好市多（Costco）的商业模式本质上是在经营会员，而不是在经营商品。

（一）付费办卡，给一个非办不可的理由

对亚马逊中国来说，其Prime会员1年288元，目标用户是喜欢海外扫货的海淘族，大把的海淘族去日韩欧美淘货，但海淘的运费及关税让人肉疼。从海外到消费者手中，海淘的邮寄费接近商品价格的25%，这是一笔不小的支出。如果你加入Prime会员，亚马逊海淘全年无限次免邮。这样，买几次商品邮购费就等于会员费了，况且会员购买还有优惠。所以，亚马逊的Prime会员权益设置，给海淘族一个无法拒绝的理由。

很多快捷宾馆，比如如家、锦江之星，就设置了会员入会门槛——交200元左右的会员费，但是会员订房每间立省30~50元，这对那些经常出差的商旅人士来说非常划算，也是一个无法拒绝的理由。对于品牌来说，也优选到了精准的客户。

心理认知学上有一个"确定性效应"：人们普遍在生活中需要确定性，并愿意付出一定的成本来购买确定性。会员付费享受不同的权益，就是挑选优质客户来购买确定性。同时，确定性还会反过来刺激会员重复消费。

亚马逊中国Prime会员的全年无限次免邮，给了会员一个非常明确的确定性暗示——只要你买，亚马逊100%给你免邮，买得越多越划算。

我辅导珠宝店一改原来免费的入会模式，不同的会员标准享受不同待遇，并购买了珠宝箱作为会员入会的礼品。以金卡会员为例，消费者以200元的会费门槛，当时就拿到500元的珠宝箱，生日的时候还可以免费

领取一个价值 260 元的定制高级蛋糕，购物可以享受 1.5 的积分，一年参加两次免费的精英尊享活动。很多优质的客户愿意付费的背后逻辑是：划算！关键是尊享活动，让客户结识更多的本城市的精英。

当然，对于犹豫型的顾客，也可以利用试用或者分期付费的方式促进入会。

亚马逊设计了两个策略来降低用户的决策成本：一是免费体验，自动转换；二是化整为零，按月付费。

"免费体验，自动转换"策略：

（1）申请免费 30 天试用。

（2）绑定一张银行卡。

（3）确定免费试用。

（4）试用到期后自动从卡里扣取年费。

这里面有一个重要的策略，即在试用前要绑定一张银行卡。如果用户在试用到期前忘记取消免费试用，就会自动扣款，转为付费会员，京东 PLUS 会员也是如此。

化整为零，按月付费： 比如年费是 120 元，改为月付只需要 10 元，对于购买频次不高的人群来说，多了一个选择项。

（二）激活会员卡：设计活动连接会员，刺激消费

让会员付费办卡不是最终目的，只是一个优选客户的动作。

会员入会持卡后，如何刺激他们使用，从而转化为消费才是关键。

没有策略，让会员持续消费转化还是存在一定阻力的，尤其是一些消费频点比较低的商品。

如何激活会员卡，刺激新老会员重复消费才是业绩提升的关键。这里给大家几个策略：

1. 设计活动连接会员，用策略刺激消费

我一直强调，如今是智能互联时代，消费者漂移严重。如何锁定你的会员并吸引他们进店？那就是借助社群工具，把他们组织起来，设计线下线上活动，邀请他们体验，傻傻地为他们做贡献。在做贡献的同时，以氛

围和策略刺激消费。

策略一：改变会员礼品规则，用积分冲抵活动参与费。

很多行业和企业都有会员积分制度，从移动通讯到航空公司，从零售到餐饮行业，这个积分制度一般都是兑换礼品，然而效果都不好。有两个问题：

一是礼品不上档次，让会员没有兑换的欲望。 很多珠宝店的礼品就是玛瑙制品、珍珠、K金、银饰品或者是生活用品。受制于成本控制，这些礼品采买价格不高，一般在10~100元，会员看不上这些礼品。

二是礼品更新太慢，稍微好一点的礼品还要付费。 几年来就是那几件礼品，会员已经兑换拥有N件了。不想要这些礼品，新的礼品还没有，或者好一点的礼品还需要加钱购买，会员觉得你是在钓鱼。

为什么不换一种思路，改变积分兑换规则，增加一个选项：用积分来参加好玩、有趣、有意义的活动，比如咖啡、冰淇淋、亲子蛋糕制作、小银匠等活动。

龙泽润宝就是让会员积分来兑换生活化的礼品、咖啡套餐、参加好玩的活动。

休闲娱乐时代，消费者对体验敏感、对娱乐和休闲敏感，并愿意为体验买单。

所以，只要你在周末设计好玩、有趣、有意义的活动，这些活动比你的礼品有吸引力，适应性也比较强，满足不同消费者的个性需求。

母孕童领军品牌孩子王这一点利用得非常好。孩子王每家门店一年要做1000场会员活动，诸如"好孕讲堂""三好学堂""爬爬赛""入学礼"、DIY蛋糕、"新妈妈学院""孕博会"等孕妈妈系列活动，"儿童文化艺术节""童乐会""冬（夏）令营"、儿童乐园限时免费畅玩等儿童系列线下互动活动。很多活动是需要收费的，不愿缴费的老会员可以用积分来冲抵这个报名费用。

这就起到两个作用：一是为门店带来了巨大的客流；二是快速消耗了会员的积分。很多会员积分快消耗完的时候，还想参加这类活动，但下次要收费用。不如现在就消费增加积分，下次还用积分来兑换活动的参与资格,这样无疑刺激了消费。

策略二：举办专业化娱乐性的活动，先收费后办消费卡，且消费卡无门槛消费。

西贝莜面村"亲子私房菜"课堂，每位收取699元的学费，然后将你的学费转化为消费卡，凭卡无门槛消费。对顾客而言，既享受了亲子时光，又学会了做美食，这些钱还在自己手上，可以随时消费。划算！对于企业来说，既增加了客流，也培养了与顾客的情感，还锁定了消费者在这里重复消费。

大家有消费卡总会想到先花掉，然而每次不一定正好花完，总有余额。这时候，企业推出充值优惠政策，你就会不自觉地往消费卡中充值，这样就不断刺激顾客前来重复消费。

我指导星光珠宝各门店举办珠宝手工课堂，诸如克拉恋人珠宝制作体验活动（为爱人做一枚克拉钻）、玉见母爱（为妈妈做福坠）、小银匠（宝宝为自己制作银锁），就收取一定的报名费和材料费，但是这个费用也是充值到储值卡中，100%返还给会员，储值卡无门槛消费，视同现金。活动结束后顾客就会拿这个消费，会带动很多品类的消费。

2. 用老会员带新会员，做口碑宣传

我辅导零售企业做会员尊享活动（会员生日会尊享、店庆尊享、年中与年终尊享）的时候，都有一个策略，会员可以带一位亲友参加。以会员生日会为例，企业向会员本人赠送100元礼券，向会员带来的亲友赠送50元的礼券。这样就可以让会员亲友观摩会员的好处，刺激他们口碑传播，并及时办理会员卡。

好市多（Costco）的手段也是会员在购物时可以额外带一个人，这样就有机会吸引新用户到店去购物，一旦体验到好市多的好处，新用户很可能就直接转化为好市多的会员了。而亚马逊的手段是共享账户，也就是你的Prime会员可以给你的朋友、家人使用，通过添加被邀请人亚马逊账号，可以让被邀请人享有同样的Prime权益。

总而言之，消费在升级，时代在进化。我们的营销也要跟上时代，必须学习新营销、践行新营销。不能再用原来的经验和套路去操作了，不然会越来越累，而且效果奇差。

就是你记住了我的新营销理念——傻傻地为顾客做贡献，也是需要策略设计的。

别用免费策略把顾客惯坏了！

要让会员付费，他才会珍惜！

付费会员模式的本质是经营会员，而非经营商品。

通过收费可以优选到优质的用户。

通过策略可以刺激会员不断重复消费。

观点摘要

1. 新服务的真谛就是给顾客创造意外惊喜。这个惊喜就是以意想不到的方式给顾客提供解决方案。

2. 新服务新在服务贡献：一是特别贡献，在特殊节日做特别贡献，包括每月会员生日尊享会、每月会员指定日换新款、店庆日老顾客免费抽奖，做大活动、大贡献；二是周末贡献，在周末为会员做小活动、小贡献。

3. 贡献的目的是和消费者交朋友，是情感连接，不是产品连接。制定销售目标就是产品连接。如果有需要，你不需要引导，顾客还是要消费的。

4. 要让会员付费，他才会珍惜。付费会员模式的本质是经营会员，为经营商品奠定坚实的基础。通过收费，可以优选到优质的用户。

第九章

新管理

一、品牌管理，你给加盟商什么支持

市场经济条件下，不是客大欺店，就是店大欺客。要想平等，有"大厂"，就必须有"大商"。但在中国珠宝市场上，因为"客大店小"，所以就出现了客大欺店现象。具体表现就是品牌商制定游戏规则，加盟商必须无条件遵守。这在原来也没有太大的问题，因为2002—2012年是行业的快速发展期，大家都赚钱了。

（一）从蜜月期到博弈期

2013年至今，珠宝行业发展遇阻，竞争加剧，行业集中度也在加强，品牌也越来越厉害，很多加盟商的实力也越来越强。在这个背景下，厂商关系由蜜月期进入博弈期，加盟商从开始的言听计从变得默默反抗。

品牌要的是更多的店铺终端和更高的业绩；加盟商要的是你给什么支持，我能挣钱吗？

对双方来说，这是一个现实的考量，于是博弈开始了。品牌说再开1家店、2家店……市场还是有的，你不开就让别的加盟商开。加盟商说这不是增加竞争对手吗？你有什么支持？没支持我怎么开？开了就亏损，谁来买单？

结果就是：加盟商会安排原来的店铺，销售不能增长太快！不然，品牌又让开新店！品牌就会缩减品牌加盟代理的时间：不好好干，这个市场到期后可能会交给别人。本来品牌和加盟商都是一个利益共同体，是和其他品牌竞争的，结果却是内部开始互相提防与算计。

（二）珠宝品牌，你给加盟商什么支持

只要有市场，就有合作；只要有分歧，就有博弈。问题的关键不是内部博弈，而是外部博弈，是品牌与相关利益方（包括加工厂、设计师、加盟商及消费者）组成"供需一体化"的行业价值链（分为产品研发链、产品供应链和顾客关系链），与其他品牌竞争。

品牌与加盟商进入博弈期，就是在"产品的供应链"上出现了问题，是典型的"供需矛盾"。解决办法就是践行社群新营销（AF），构建"供需一体化"的品牌产品供应链，品牌和加盟商、加工厂在这个价值链上共创共享增量效益，这才是未来的方向。

构建"供需一体化"的关系链，首先是品牌牵头，借助社群先为加盟商和消费者做贡献。在这个背景下，品牌商首先必须回答：你给加盟商什么支持？这个支持有效吗？支持期有多长？

1. 学习老凤祥：给政策

众所周知，老凤祥的快速发展得益于老凤祥"给加盟商灵活的政策"。这个政策就是：加盟伙伴除了从老凤祥的工厂拿货外，还可以到老凤祥指定的合作工厂选款拿货，只需要到老凤祥品牌管理部挂签缴费（品牌管理费）。老凤祥除了把控产品质量和品牌形象外，货品款式、加盟商与代工厂的货款结算、退换货，以及市场运营从不干涉。

这个政策好在哪里？就是尊重加盟商的区域经营权。毕竟各地市场需求是差异化的，加盟商最懂当地市场，进什么货品、什么款式自己说了算。有这个政策支持，加盟商的积极性和自主权很高，市场营销的匹配度也很好。很多加盟商在老凤祥的代工厂拿到新款货品后，立马就想到这个产品如何推广，回去后就去推广，效果很好。

如果没有完备的品牌管理体系和市场管理体系，发展中的品牌还是要向老凤祥学习这个政策。之所以成为老大，一定有它赢的道理。

2. 学习周大福：给管理

周大福的品牌管理体系和市场管理体系是珠宝行业的标杆，一直被模仿，从未被超越。周大福给予加盟商的是一套行之有效的品牌管理制度和市场管理制度。小到店铺人员管理、工资核算，中到货品陈列、促销管理，大到年度营销计划和会员维护，这些制度周大福都很详细，加盟商只要按照周大福的管理制度执行就好了。

不仅如此，周大福现在还推出了"寄售模式"，即加盟商只需要按照周大福的要求缴纳开店的运营资金和货品押金就行了。这个货品是周大福的，是在加盟商处寄售的。加盟结束，货品归周大福，货品押金退还给加盟商。如此一来，加盟商的风险更低。不像其他品牌，加盟结束后，货品还要自己处理。

周大福为什么要推寄售模式？因为周大福是统一配货制度，不像老凤祥可以让加盟商去市场上挑选货品。这就解决了两个管理难题：

一是新款货品的自由调配。比如甲顾客在乙加盟店看中一款产品，却去丙加盟店下单，而丙加盟店没有这款产品。理论上可以申请去乙加盟店调货，实际上行不通，这不是同一个加盟商的店。乙、丙是竞争关系，产品是乙加盟商的，他有权不配合。改为寄售模式后，货品是周大福的，这就可以自由调配，满足品牌统一管理需求。

二是滞销货品的管理。原来的产品权归属加盟商，加盟商之间的货品不能自由调配，所以在经营中滞销货品最后都在季度末集中退换给品牌方。品牌方无法一下消化，也只能拆改和熔化；改为寄售模式后，周大福借助强大的 ERP 可以及时了解各地的滞销货品，可以随时将货品进行异地调配。这样就降低了滞销货品的处理成本。

3. 学习莱绅通灵：给品牌

我看好的钻石品牌有两个：一个是莱绅通灵，另一个是 I DO。因为它们的品牌定位和推广比较清晰，消费者很好识别。如果说老凤祥强大的竞争力来源于灵活的市场政策，周大福强大的竞争力来源于完备的管理制度，那么莱绅通灵给予加盟商的支持，则是强大的品牌力。

注意，这个品牌力是指对目标用户的影响力。也是指用户指明购买的排他性。很多消费者，尤其是年轻人买钻戒就是选 I DO，很多中产小资女性只选莱绅通灵，这就是品牌力。

4. 学习普林尼：给利润

市场竞争总是有风险的，加盟任何品牌都不能保证所有的加盟商100%赚钱，包括周大福、老凤祥、莱绅通灵和 I DO。但是，有一个钻石品牌却说加盟我保你赚钱，你若亏损我来承担，它就是新锐钻石品牌——普林尼。

加盟商最根本的利益就是借助品牌赚钱。给你利润，保你赚钱，无疑是给加盟商最强有力的承诺和支持。当然，普林尼不是所有的加盟商都接收，它首先看加盟商老板的三观是否和品牌理念一致。不一致，对不起，不给加盟权。

为什么？因为普林尼在悄悄做社群新营销，也就是它有一套行之有效的新营销策略，确实能确保加盟商挣钱。新营销的理念就是傻傻地为目标用户和相关利益第三方做贡献，静待美好发生。但是，珠宝是消费频点比较低的商品，新营销就是一直做贡献来连接用户、感动用户，一般是在半年后效果才显著。而三观不和的加盟商没有耐性和定力来执行新营销政策。之所以选择三观相同的加盟商，就是因为三观和经营理念才能被完全执行。

普林尼的品牌理念是：爱，因你而闪耀！这个爱不仅指情侣、亲人、朋友之间的爱，也指品牌对消费者的爱、对加盟商的爱、对相关利益第三方的爱、对社会的爱。这也是它选择加盟商的底层逻辑，更是新营销的核心：做好产品，傻傻地对你好。永远相信美好的事情一定会发生。

5. 学习中金和明牌珠宝：给资金

明牌珠宝和中国黄金都是以批发起家，实行深度分销的企业。现在的品牌形象和管理能力都在大幅提升。对于加盟商的支持，既没有老凤祥灵活的市场政策，也没有周大福完备的管理体系，以及莱绅通灵强大的品牌力，而是另辟蹊径：加盟商发展新店，给予资金支持或者货品支持。

这个支持，对于有野心、有管理能力的加盟商来说无疑是锦上添花。

6. 学习灵云翡翠：给业绩

灵云翡翠是珠宝行业中"翡翠"这个品类占位的优秀品牌。它这两年的表现比较抢眼，也得到了终端加盟商的认可。认可的理由，就是它可以给予加盟商业绩的支持。

除了翠花网络平台帮助加盟店的员工积极推广产品，获得额外的提成外，2018年更是开展"灵云好翡翠，矿主大回馈"活动，亲自策划执行翡翠产品营销，在每一家终端的活动，可以帮助加盟商卖掉几百只翡翠手镯，一次活动带来几十万元乃至上百万元的业绩。以兑现加盟灵云只需投入60万元，保证每家店铺销售业绩100万元的承诺。

二、从品牌管理到产业链管理

反观很多品牌，给加盟商的不是灵活的市场政策、完备的品牌管理体系、强大的品牌拉力，或者资金、业绩、利润的支持，而是压力、梦想。

压力不是简单地传递给管理层，管理层再给终端加盟商，而是利用社群工具，将加盟商、相关利益第三方、消费者组织起来形成"供需一体化"的产品供应链，或者产品研发链，或者顾客关系链，一起探索，一起和其他品牌竞争。

梦想是要有的，万一梦想实现了呢？要将大家组织起来，大胆试错，小心求证。最终要拿出行动，让天下没有难做的生意！总是谈梦想，没行动，加盟商就会对你失望。

对于珠宝行业来说，品牌管理是需要的，更需要的是产业价值链的组建与管理。从品牌管理向产业链管理转变是大趋势。产业链管理涵盖品牌管理，也是物联网时代新的商业规则：供需一体化，共创共享，一致对外。

（一）品牌管理的建议

珠宝行业的品牌管理多指渠道管理和形象管理。形象管理就是品牌广告、品牌公关和终端形象管理，这个很好理解；渠道管理就是深度分销，就是对分销商和终端加盟商的管理。

目前，珠宝渠道管理以深度分销（研究能开商铺的区域与位置，把业务员培养成开店先锋）为抓手，传递给终端的是压力：开店、开店、开店，目标是拿货、拿货、拿货。

未来的渠道管理是以深度粉销（研究用户和消费者，把他们培养成粉丝，靠粉丝支持）为抓手，传递给终端的是赋能：新营销方案、新渠道开拓、新消费者研究，目标是赚钱、赚钱、赚钱。

给各家企业的品牌管理建议是：

第一，一手抓深度分销，一手抓深度粉销，最终向深度粉销转变。这是给运营层面的品牌管理策略建议。

要么学习老凤祥灵活的市场政策；要么学习周大福完备的管理体系；要么学习明牌珠宝和中国黄金，给予加盟商实实在在的支持；要么像莱绅通灵和 I DO 学习品牌塑造方法，给予终端强大的品牌力；或者像普林尼和灵云翡翠学习，帮助加盟商提高业绩、赚到钱。否则，一切都是空中楼阁。

第二，积极学习践行新营销，老品牌要时尚化、年轻化；新品牌要有新玩法。这是给企业家层面的建议。

竞争的逻辑变了，我们不要再迷信过去的经验。要研究新理论，要实践新方法，在不确定的时代里寻找前进的方向。

（二）产业链管理的建议

在珠宝行业，谁在做珠宝产业链的战略？深圳的梦工场和上海的星设汇在做产品研发链，港福珠宝和嘉华珠宝在做产品供应链，星光珠宝和龙泽珠宝在做顾客关系链。还没有一家企业在做全产业链（产品研发链、产品供应链、顾客关系链）的事情，周大福和周大生是完全可以实施这个战略的。

梦工场在做产品研发链的时候，还缺乏一个重要的环节，那就是把目标用户组织在这个链条中。目前，梦工场只把设计师和品牌商、零售终端组织在"产品研发链"中。现在是消费者主权时代，消费者不仅仅是消费者，更是产品研发的参与者。将触角延伸到消费者端，是产品研发链最重要的一环。

在产品供应链的建设中,港福珠宝和嘉华珠宝的做法是两个方向。港福珠宝是借助"珠宝商"这个社群工具,将工厂、分销商、终端组织在一起,利用共享平台为制造商、分销商和零售商赋能;嘉华珠宝则利用渠道寄生(以中国新娘婚爱珠宝为各品牌渠道供应IP产品)开展产品供应链的建设。其实,老凤祥和周大生最有条件做产品供应链,它们的渠道遍及全国,数量众多,又和很多工厂有战略关系。如图9-1所示。

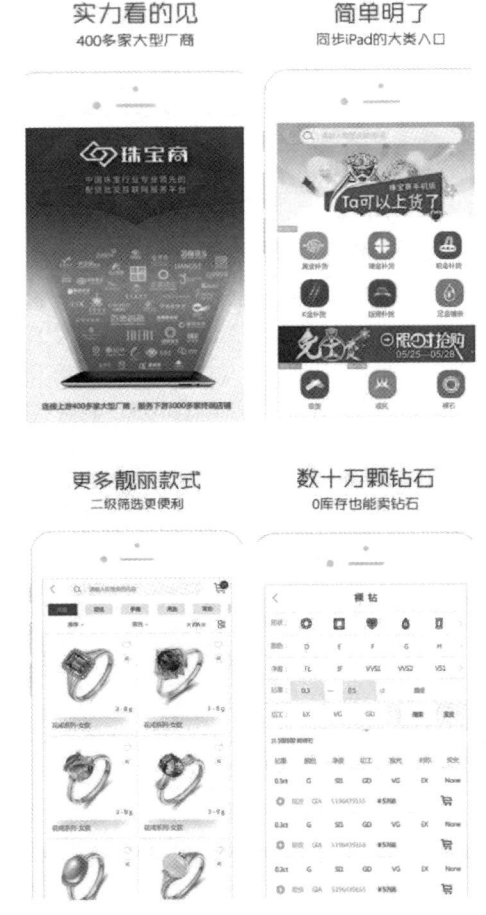

图9-1 港福珠宝产品供应链的工具"珠宝商"截图示意

要解决品牌商与渠道商、终端商的博弈,变成"供需一体化"的利益共同体,珠宝行业就要践行社群营销,或者从顾客关系链上发力,或者在产品供应链上发力，也可以在产品研发链上发力。总而言之，要组建行业**产业链条，为产业链条上的各利益主体赋能。**

上游品牌企业可以学习小米的全产业链（产品研发链、产品供应链、顾客关系链）的组建与管理。分销企业要么学习海底捞产业供应链和顾客关系链的建设与管理；下游终端学习孩子王顾客关系链的做法，持续深化顾客关系，获得产业链的位置。

从品牌管理转向产业链管理是个宏大的战略命题，谁抢占这个制高点，谁就抢占了未来10年的竞争主动权。

三、用量子管理为员工赋能

现在是物联网的初级阶段，到处充满了不确定性。在不确定的环境下，新员工的管理是企业头疼的问题。现在，要学会量子管理。每个时代都有相匹配的管理理论，量子管理就是物联网的最佳管理理论。量子管理理论重新定义了管理。

量子管理学是由英国管理大师丹娜·左哈尔女士创立的，区别于管理大师泰勒的科学管理。科学管理强调的是稳定性和可控性，量子管理则强调不确定性和变迁，主要表现为"激发个体能量，形成自组织，来创新应对新时代、新行业和竞争的不确定性"。

简单地说，量子管理学主要特点有三个：尊重人性、激发能量、共创共享。这个理论也是管理新生代最佳的管理工具。我们看看，如何利用这三个特征为珠宝店铺管理提供新动能。

（一）尊重人性：让员工为自己挣钱

一般员工到企业干吗？挣钱养家、获得成长和快乐。对于一般员工来说，尤其是新生代员工来说，别跟我谈远景，我先养活自己再说。诚如斯言，如果一个员工在单位挣的工资养活不了自己，应该是企业的耻辱，管理者的失职。

我们暂且不谈获得成长和快乐，先谈薪酬管理的区别，你就能发现量子管理更尊重人性。

目前，很多店铺是这样制定薪酬的：根据行业情况和企业岗位情况，确定一个薪酬范围，再根据应聘者的资料，来确定试用期工资是多少，转正后多少。

——**强调的是：是企业给你发工资，好好为企业出力。**

实施量子管理的店铺谈薪酬是这样的：先让应聘者说自己每个月的基本开支和家庭收入，确定应聘者期望的月收入或年收入，然后告诉应聘者：现在企业给你一个平台（岗位），这个岗位要干什么事情，做到什么程度就可以拿到你期待的工资，以及什么情况下可以超越这个收入。你根据自己的能力来规划一下，看看能不能实现？如何实现？

——**强调的是：你给自己挣工资，为自己和家人好好干。**

（二）取消等级称呼，强调个体的平等性

这个特征在BAT和硅谷的企业体现得比较明显。为什么都有花名或英文昵称名，就是打破原来的等级称呼制度，让个体之间在心理上更平等。很多单位新员工为什么见了领导绕道走？等级森严＋代沟。

大家想一下，在单位，天天称呼王董、李总、刘副总、高经理、江主管好，还是称呼迈克马、杰克刘、艾伦张、彼得王、风清扬、逍遥子、天机、天璇好，哪个更让新生代接受？哪个消除了距离感？

各位珠宝店铺的运营者，你能利用花名或英文名消除店铺里面的等级制度吗？

（三）激发能量：强调自组织的PK与共享

量子管理的绩效管理，一是强调自组织，二是让自组织进行PK。什么是自组织？自组织如何PK？自组织就是根据班次或者项目，由项目牵头人或组长自发挑选成员组成一个新的组织。这个组织自我管理，与其他组织进行PK，然后自我激励、自我成长。

比如腾讯在开发微信时成立了N个小组，组长挑选成员组成团队、企业给经费，让团队自己摸索。后来张小龙团队胜出，给腾讯制造了一个万

亿级体量的超级器——微信及微信支付。

在硅谷，谷歌、FACEBOOK、亚马逊等企业都是这样的研发模式。有个新项目就重新打破原来的组织架构，谁发起这个项目，谁就是CEO，可以自由挑选相关人员组成新团队、新公司。哪个胜出是市场说了算，是用户说了算。

珠宝行业也出现了这样的案例。有的珠宝店铺不再设立店长和副店长职位，只设置两个班长（享受店长待遇），这个班长就相当于店长。因为珠宝店是上半天班，所以，一个班长带上午班，一个班长带下午班。上午班和下午班进行销售、管理、服务大PK，月度公布成绩，被PK下去的班次的班长，由该班次全体员工重新选举。这样，大家为了奖金、为了团队业绩、为了面子都铆足了劲，到了下班的时候，班长不会走。周日班长也会到店铺，哪个员工情绪不稳定、销售技巧差，班长会第一时间去帮助解决。这个班次就变成了自组织，自我管理、自我成长。

总结：只要设计好共创共享的制度，个体的人就会迸发出内在的能量球，基于利益和兴趣的驱使，人与人之间会不断碰撞、融合，积极去探索世界，不断试错、修正，然后迭代升级，就像生物进化一样。这样就会衍生出自我成长、自我管理的自组织。

因为强调个体和自组织，企业变成创客平台和共享平台，比如海尔集团就是创客基地。每个下属企业或个体，都可以借助企业平台进行创业创新，独自承担成本，共享收益。

回到我刚才举的珠宝行业的案例上，因为两个班次都成了自组织，激励和压力同在，各个班次都在拼销售、拼服务，结果就是销售增长迅猛，利润丰厚。员工的收入也大幅提升，营业员的年薪可以达到7万～10万元，班长的收入在12万～20万元。这就是共创共享。门店成为员工挣钱的平台，很多员工像创客一样，休息的时候也会利用关系资源去服务、去销售，为自己奋斗。

学习量子管理，用自组织来应对不确定性是未来的趋势。

要知道，不管是红领的源点组织、韩都衣舍的蚂蚁军团组织，还是海尔的指数型组织、小米的生态型组织、京东的三维组织，以及华为的铁三角理论，都是发育打造的自组织。

四、案例分析：小米科技全产业价值链的组建与管理

小米是一家消费者服务商。

如果有一天小米破产了，消费者会拿钱让我们重新站起来。

——雷军

如何理解这句话？

目前，很多人没有看懂小米，是因为小米在践行社群新营销（AF），并借助社群营销构建了复杂的全产业链，包括产品研发链、产品供应链和顾客关系链。表面看似混乱无序，实则互通互联、威力强大。我觉得周大福、周大生、明牌珠宝都应该好好学习借鉴一下小米全产业链的组建与管理办法。

（一）小米全产业价值链的历程

1. 探索期：产品研发链的雏形摸索——小米论坛

2010年至2012年，小米在PC端组建了一个虚拟社群——小米论坛，这是一个手机发烧友群。当时的深圳华强北是山寨手机的聚集地，来自全国各地的手机发烧友都聚在一个BBS上交流，雷军就在这里潜水一年多，和很多发烧友成了好朋友。等小米论坛成立后，他就逐渐把这些发烧友邀请到小米论坛上，小米论坛初期会员有200名，雷军和这些发烧友在这个论坛热烈讨论未来的智能手机是什么样子的。PC端的小米论坛就是小米最初的产品研发社群。

2. 完善期：产品研发链与顾客关系链一起建设

2011年至2014年，小米新增了一个社群——米柚。为了适应移动终端，小米还增加了小米论坛和米柚的移动端入口，即App。同时做了一个改动，即将小米论坛变成消费者社群，将新成立的米柚调整为产品研发社群。也就是说，小米这时候有了两类社群，分别对应产品研发链和顾客关

系链。

小米论坛对应的是顾客关系链。这个虚拟社群将消费者组织起来交流互动，是小米消费者讨论与交流的平台，大家分享小米使用心得、秘籍宝典，更是求助咨询、问题投诉的最佳平台。小米通过这个平台，和粉丝线上互动，线下组织各类活动，将消费者慢慢培养成粉丝。目前，小米论坛注册人数超过 5000 万。

米柚对应的是产品研发链。这是小米各种产品的全球研发、创新及实验平台，不再限于手机这个品类。2011 年 8 月 1 日，米柚社区正式对外上线，截至 2013 年年底，注册人数超过 3000 万。

3. 成熟期：2015 年至今组建社群矩阵，全方位构建产业链，既有产品研发链，也有产品供应链、顾客关系链

米柚是产品研发链社群；小米论坛和小米微信公众号、小米社区是顾客关系链社群；小米的产品供应链社群则有很多：小米商城（自营渠道）+小米分销渠道（电商和实体专卖）+小米之家（实体店）+小米小店（QQ 和微信版本）+米家（App）+小米直播+小米 VR+小米金融等，这些社群矩阵覆盖了完整的产业链条。所以雷军说，小米的模式太复杂，不好定义。

值得一提的是米柚社群，目前已经拥有国内外 700 万的发烧友用户，享誉中国、英国、德国、西班牙、意大利、澳大利亚、美国、俄罗斯、荷兰、瑞士、巴西、印度等近 20 个国家。米柚是基于安卓系统进行深度优化、定制、开发的第三方全球性社区。

一句话，把用户、研发者、供应商及相关利益者组织在不同社群内，大家共创共享，组成了"供销一体化"的产业组织。

（1）供应商管理：小米旗下有多款产品，手机、智能家居硬件、小米 VR（虚拟现实）、小米电视等。

以小米手机为例，小米把全球的手机研发者（包括但不限于新材料研发者、机身造型师、安卓系统应用开发者、手机壁纸、游戏、音乐、铃声）组织在米柚社群上，任何研发者的设计一旦确定使用，则按照手机销量给予一定的提成来支付研发者奖金。

2014年上半年，米柚给研发者的提成是1.27亿元。所以，这是一个共创共享的管理社区，整合了整个产业的上游。

（2）消费者管理：购买小米系列产品的消费者都会被小米引导组织在手机端的小米社区或小米论坛上。这里面分很多管理板块：

小米众测：**用户的沟通与调研管理**。也是新产品的测试平台。小米新品研发出样后会发布在小米众测上，米粉申请免费试用并提交试用报告，便于新产品的最终改进和确定量产。

米粉杂谈：**粉丝线上管理**。这是米粉之间社交互动的平台，包括分享小米使用心得、秘籍宝典，更是求助咨询、问题投诉平台。

小米同城会：**粉丝的线下管理机构**。以城市为单位，由各市场部经理管理，将同城的米粉组织起来进行线上线下社交互动。比如参加新品发布会、明星演唱会、新品免费试用、郊游、观影、会员礼品赠送、产品众筹等。

米粉达人：**小米社区的版主管理区**。小米达人是小米社区里各个版块的版主，也是骨灰粉的交流社区。

校园俱乐部：**潜在用户的管理平台**。这是面向高校学生的吸粉平台，既是小米新产品的体验社区（线上报名、线下高校巡演）、测试平台，也是招聘和品牌培育平台。

（二）小米全产业价值链的价值

（1）战略上构建完整的产业价值链，借助产业链组成企业生态圈，自成独立王国。

小米"后向"抓产品研发链，"中间"抓产品供应链，"前向"抓顾客关系链，即产品研发链、产品供应链和顾客关系链一起建设，组建一个完整而独特的产业组织，创建了属于自己的产业价值链。

目前，小米科技正是借助这个产业价值链，不仅在2017年10月轻松突破1000亿元，还参股布局了125家上下游的企业，组成了小米生态圈，并逐渐培育让这些生态圈中的参股或控股企业上市。目前，华米就是小米生态圈中第一个上市的企业。

（2）战术上，借助社群工具实现对品牌相关利益方的管理。

小米借助"社群工具"，将用户、企业及相关利益者（研发、原料供应、生产制造、分销等领域）大规模地组织在一起。以贡献和分享为掩护，巧妙地实现了对供应商、分销商和用户进行深度管理。

（3）靠垄断发展的时代过去了！靠消费者支持的时代开启了！消费者主权时代，抢占用户成为运营核心。谁尊重消费者，谁和消费者交朋友，谁就获得了源源不断的创新动能和粉丝的支持。

滴滴收购快的、兼并优步，在网约车市场占据80%以上的份额。程维曾自豪地说："共享车市场的竞争在2016年就结束了。"滴滴想坐拥垄断利润，不但借助大数据杀熟客（多收费），还越来越傲慢，乱加价、乱收调度费，结果导致民怨沸腾，美团、高德、滴答、携程看到机会，开始杀入网约车市场，一起围剿滴滴。

小米一直把消费者当朋友，第一款手机问世的时候，可以定价到2999元/部，最后只定了1999元/部。小米的硬件利润低得不能再低，就像美国的好市多超市一样，不靠商品赚钱，靠服务会员赚钱。所以，雷军才有底气说："如果有一天小米破产了，消费者会拿钱让我们重新站起来。"

五、案例分析：海底捞顾客关系链+产品供应链管理

餐饮业是现场直播，是不可以回放的。

消费者不满意就不会来了。我会算顾客的账。

——海底捞张勇

（一）海底捞"双产业价值链"的进化历程

第一阶段：探索阶段（1994年至2010年）

这一时期，张勇率先在火锅店开设了服务体验社区。不知不觉以服务慢慢组建了顾客关系链，不断深化与顾客的关系。最早推出了六大免费服务：免费小吃、免费水果、免费擦鞋、免费美甲、免费洗眼镜、免费电

脑。这一服务空间是海底捞无意间创造的新连接器，将消费者组织在一个空间里感受服务，也提升了品牌的传播和吸引力。

第二阶段：线上线下融合期（2011年至今）

这一时期，海底捞不仅有线下的社群（实体店的服务体验区），还增加了线上的社群：海底捞App和微信公众号，以及Hi捞汇社群。这个时候，海底捞有两个性质的社群：一是消费者社群：实体店的服务体验区+海底捞App+海底捞微信，这是顾客关系链的管理工具；二是相关利益者的社群：Hi捞汇（这是PC端的），将食材的供应商、配送商组织起来，这是产品供应链的雏形。

海底捞App与微信号、Hi捞汇、实体门店的服务体验区组成了一个社群矩阵，并将数据打通，让消费者、门店、供应商连接起来，共创共享。它们的功能和管理有所不同：

(1) 实体店服务体验社区。

这是消费者聚集、等台时接受免费服务的社区，会根据时代进步而增设新的服务内容，是虚拟社群（海底捞App）的流量入口和下载的传播地。不仅如此，海底捞还与时俱进，增加了免费WiFi、免费玩具、免费美图、免费乐园服务，构成了10大特色免费服务。

(2) 海底捞的微信号是社交与会员服务社群。

主要有两大板块6个功能。一个板块是服务会员：点餐就餐、会员服务、社交、游戏；另一个板块是企业品牌传播：新闻、招聘。

(3) 海底捞App也是消费者社群，已经成为智能服务终端，为实体店引流。

这是消费者快捷享受服务和评价互动的社区。消费者可以利用手机App进行订餐、排位、客服问答、外卖、游戏、商城消费（购买火锅底料和食材），为实体店引流。如图9-2所示。

(4) Hi捞汇是虚拟的社群平台，有商城、就餐、外卖和会员服务功能。

这是企业会员服务中心与消费者、食材供应商、外卖送餐（第三者）的社交、共创共享平台。

图 9-2 海底捞 App 首页示意

(二) 海底捞"双产业价值链"管理

(1) 顾客关系链管理。

海底捞利用 App 和实体门店将消费者组织在一起,形成顾客关系链。顾客关系链的管理就是服务贡献。

无论是实体社区(门店)还是虚拟社区(App),这些都是顾客关系链的管理工具,表现形式是为消费者做贡献。

(2) 产品供应链管理。

海底捞的 Hi 捞汇社区,就是产品供应链的管理工具。

一来消费者消费更加简单、便捷和智能(在虚拟社区,消费者可以利用手机订餐、排位、客服问答、外卖、游戏、商城消费、购买火锅底料和食材);二来第三方相关利益者很好地把握了产品供应、消费者需求,最大限度地节省了管控成本,提升了利润。如图 9-3 所示。

这样就为上游材料供应商、配送商做产业价值贡献(数据挖掘利用)。

图 9-3　Hi 捞汇 PC 端页面

(三) 海底捞"双产业价值链"的价值

(1) 在战略上,以构建顾客关系链为主,辅助建设产品供应链。以顾客关系链来影响产品供应链,加强对产业价值链的掌控。

(2) 海底捞的服务制胜暗合了新营销的方向。服务制胜的方向和新营销是一致的,要么浪费消费者的时间(让消费者享受),要么节省消费者的时间(便利)。

无论是实体店里的服务体验区,还是海底捞微信、App,都是智能化和便利化地服务消费者。具体做法就是走进消费者的就餐、点餐、等位等诸多消费场景,发现这些痛点,然后设计相应的服务来解决。

比如就餐等位时消费者没有耐性,海底捞就增加服务区,提供小点心、水果、电脑,同时免费美甲、擦鞋,有孩子的可以在免费乐园里玩耍。目的就是延长你的逗留时间,让等待变成享受。

——以享受的名义来浪费消费者的时间,培养客户的体验感和忠诚度。

大家都知道在海底捞就餐需要预约或排队,如果你赶时间,就可以利用海底捞 App 提前预订桌位、人数和就餐时间,甚至在手机上就可以下单,这样你在约定的时间到达门店就可以马上开吃。

你觉得海底捞菜品或底料不错,就可以在海底捞 App 或者 Hi 捞汇上下单,第三方配送商会第一时间为你送货上门。这样,你在家也可以吃上海底捞的火锅。

——这是节省消费者的时间，体验服务的便利性和智能化。

（3）战术上，海底捞注重人的主动性，员工有了主动性才有创新，服务才更人性化和亲情化。

无论是虚拟社群还是实体社群，总得需要员工去维护。所以，海底捞设置了满意服务费用临时支出制度，以及员工集体宿舍无忧管理制度（回到宾馆就像回到家一样）。

员工在工作上有服务制度保证，生活上有无忧管理，所以员工的积极性和创新性被激发，可以大胆实施服务创新。员工最接近消费者，能发现消费者个性化的服务需求，才能亲情化、人性化地满足每一位个性化的消费者。

六、案例分析：孩子王如何借助顾客关系链深化顾客关系

孩子王成立于2009年，创始人是五星电器的老板汪建国。汪建国将五星电器卖给美国的百思买后，倾力打造孩子王这一零售王国，成为母孕童零售的领军品牌。

孩子王2017年实现营业总收入59.67亿元，同比增长33.95%，归属于挂牌公司股东的净利润预计为1.36亿元。值得一提的是，孩子王连续7年同店增长超过50%，孩子王的销售额中97%来自会员。

孩子王的业绩靠的就是用户思维，依托社群工具深化顾客关系，实现了管理大师德鲁克所说的创造顾客。在逻辑推演上，也是从品牌管理转向产业链管理。

（一）孩子王"深化顾客关系"的历程

（1）"深化顾客关系"的探索阶段（2009年至2015年）。

2009年，孩子王电子商城上线，同年第一家实体旗舰店在南京建邺万达广场隆重开业。这个阶段，孩子王是"实体店+电子商城"，尤其寄希望于电商——孩子王商城。

但在实际经营中，孩子王发现母孕童产品的客单价太低，客户太分散，邮寄不能快速到达，费用还挺高，还不如实体店的效益贡献。当时，实体店的效益主要得益于员工的个性化服务和即时性服务，增加了用户的信任，提高了用户的复购率。

孩子王认识到：企业的价值就是创造顾客。个性化和即时性的优质服务能创造顾客。于是，孩子王开始在实体店不断创新服务，全面践行"深化顾客关系"这个理念。

如何"深化顾客关系"？

一是孩子王发力实体店，店铺不断迭代升级，黏住顾客。比如第一代店铺只注重销售与服务，到第六代店铺已经进化为智能店铺，变成了"商品＋服务＋体验＋文化＋社交"的综合性卖场。运营不断跨界连接，涵盖了商品零售、儿童游乐、早教培训、产后恢复、儿童摄影、儿童保险等多种新产品及新服务，满足了消费者购物、服务、社交的多重需求。如图9-4所示。

图9-4 孩子王新妈妈课堂

二是线下管理，就是借助实体店不遗余力地为用户做贡献。

比如亲子活动、才艺展示、妈咪课堂等，每家门店一年要组织300多场免费的会员线下体验活动。孩子王正是利用这些服务贡献源源不断地连接用户，顾客关系链越来越强。

员工的个性化服务贡献和门店的周末会员免费活动也变成客流的超级连接器。虽然孩子王都在购物中心二楼，天天都保持了旺盛的客流。因为会员形成了依赖，一家新店 18 个月就可以成为成熟店。

（2）顾客关系管理的升级：线上线下管理一体化。

2016 年至今，孩子王的社群则是虚实结合。实体社群是线下门店，虚拟社群主要包括移动端 App、移动端微商城、PC 端官方商城及天猫、京东官方旗舰店等。这个时候，孩子王两类社群水乳交融，线上线下一体化为会员做贡献。

比如顾客关系链社群工具，主要有实体店线下综合服务体验区、孩子王 App、孩子王微信公众号。它的作用是天天举办各类好玩、有趣、新知的活动，以享受的名义邀请会员参加体验，其实是浪费会员的时间，培养会员的忠诚度。

产品供应链社群主要是实体店、电商（微商城、PC 端官方商城及天猫、京东官方旗舰店），其作用是节省会员的时间。会员可以线上下单，孩子王门店线下送货，让会员体验便利化、智能化和人性化（如给母孕家庭送货全部是社区大妈）。

最关键的是，2016 年孩子王利用数字技术将线上线下打通，各家门店都是智能门店，实现了"商品、团队、服务、社交、管理"的时时在线。

这样，企业将 2000 多万会员按照就近管理原则交给各个门店的员工来服务（每个员工多的可以服务 3000 多位会员，少的也有几百位会员）。

这样线上线下一起为会员做贡献，通过口碑传播，会员人数快速增长，还形成了依赖。所以，孩子王无需大量投放广告，只需借助 App 和微信就可以精准地传达给会员。

（二）孩子王"深化顾客关系"的管理工具

孩子王 App 是"深化顾客关系"的管理工具，有五个主要功能：商品选购、育儿服务、在线社交、在线服务、在线报名。

商品选购：有电商和实体门店，用户可以在商城上浏览商品，也可点击"身边门店"进入各实体门店的数字化店铺，与各门店的服务团队对接咨询选购。

目前，孩子王通过数字化，让每家门店的商品、服务团队（店长、育儿师、专家）、门店活动、咨询服务时时在线。满足会员全渠道、碎片化、24小时的购物或咨询需求，可以线上选购，线下送货上门。

育儿服务： 在这个板块，有很多专业的服务内容，比如催乳、宝宝理发、小儿推拿、乳房保健、产后康复、月子会所及婴幼儿服务等，消费者可以根据需求来选择。如图9-5所示。

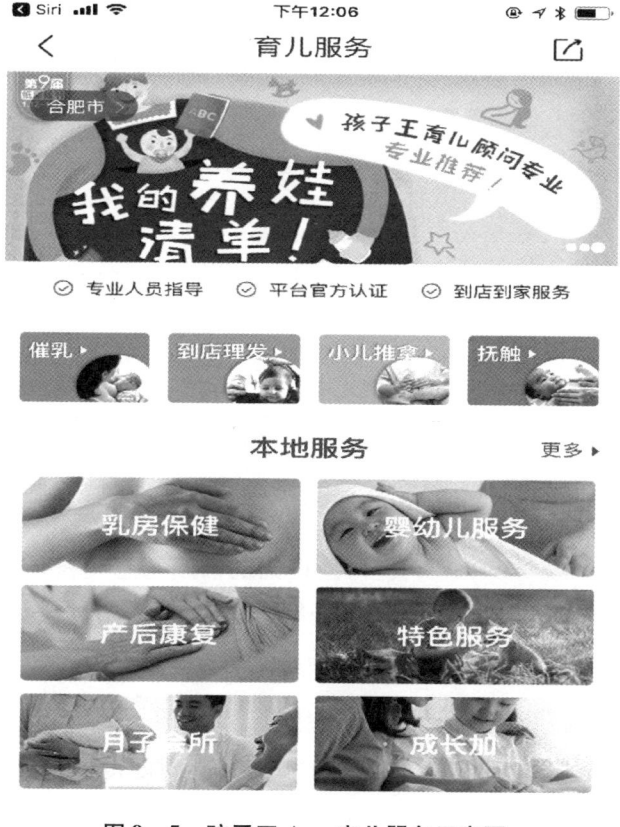

图9-5 孩子王App育儿服务示意图

在线社交： 妈咪社是App的一个重要板块，是会员的虚拟社交平台，这里有圈子、情感、时尚、成长＋、爱晒、服务、活动等内容。如图9-6所示。

以圈子板块为例，又可以分为朋友圈、门店圈（如包河万达圈）、城市圈（如合肥妈妈圈）、家有二胎圈等；情感板块又分为辣妈心情、麻辣婆媳。总之，给孕妇、幼儿家庭的宝妈们提供一个交流、互动的平台。这

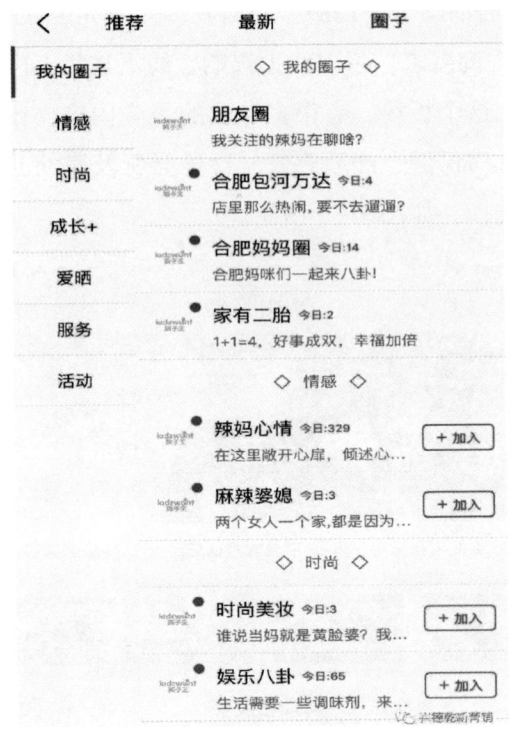

图 9-6 孩子王 App 妈咪社板块中的圈子示意图

些妈妈或孕妇可以在线上互动,讨论相同的话题与感受,再通过参加线下的活动见面,很多会员成了好朋友,实现了真实的社交。

在线服务:打开孩子王 App,你会看到各门店的服务团队(如图 9-7 所示),这里面有店长、有产科护师(第三方)和育儿顾问(服务员)。会员可以根据需求找不同的人来沟通咨询,可以随时随地沟通。当孕妇、产妇和小宝宝出现发烧、溢奶等情况,就可以在第一时间求助,相关人员及时服务,可以根据服务质量对服务方进行星级评价或者小费打赏。

在线报名:孩子王的服务贡献除了线上咨询外,更多的是线下体验活动。以前孩子王每家门店每年活动在 300 场左右,现在则不少于 1000 场。这些活动名目繁多,诸如好孕讲堂、三好学堂、爬爬赛、入学礼、DIY 蛋糕、新妈妈学院、孕博会等孕妈妈系列活动,儿童文化艺术节、童乐会、冬(夏)令营、儿童乐园限时免费畅玩等儿童系列线下互动活动。

有这么多的会员活动,通知目标用户参与是很大的问题。如果处理不

图9-7 孩子王 App 门店服务团队示意图

好，费时费力还没有效果。如何智能匹配并通知到每一位愿意参加的会员呢？那就是在线报名（如图9-8所示）与自动推送。

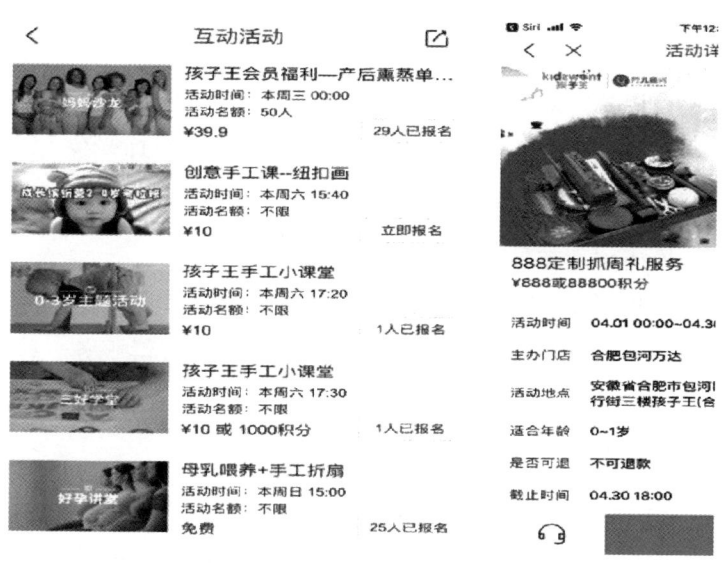

图9-8 孩子王 App 门店活动报名示意图

最主要的是线上报名:每家门店何时举办什么样的活动,在门店"互动活动"中列得清清楚楚,会员可以随时查看,根据要求选择报名。线上报名不仅节省了大量人力、物力,还精准匹配,节省了大量的广告费。

(三)孩子王"产业价值链"的战略价值

孩子王的实践,实质上是用户思维,借助社群营销深化用户关系和第三方关系,在产业价值链上大家协同发力,一起抢占用户资源,这才是它快速连接2000万孕童家庭的秘密。

(1)践行了新营销"前向一体化"的战略:市场发力,深度构建顾客关系链。

孩子王通过不同的社群将2000多万的孕童家庭组织起来,通过价值贡献,构建了顾客关系链;再通过数字化将线上线下打通,构建了产品供应链,然后将顾客关系链和产品供应链对接,精准地为用户、上游供应商提供所需服务,共创共享。这是它赢的道理。

(2)在战术上,孩子王走进顾客需求链,不断整合第三方资源,一起和相关利益者做双边贡献。既扩大了经营范围,增加了利润来源,又深化了用户关系,组建了独特的产品供应链。

第一,根据孕童家庭最关注的问题(宝宝疾病防治、育儿常识、家教、孕妈知识),将儿科医生、注册育儿师、注册心理学家、家教顾问,以及第三方培训机构(音乐、舞蹈、教育)专业人士组织在孩子王App妈咪社中和实体店中为会员服务。

在为会员提供更加专业化的服务过程中,也为相关利益者(儿科医生、保险公司、培训机构)做出了贡献——这些是有偿服务。孩子王不需要给第三方发工资,第三方的专家可以借助孩子王的平台增加自己的收入,提高知名度和美誉度。

第二,孩子王的App上有"新产品试用版块",也是双面贡献。表面看是为会员做贡献——你可以申请免费使用,实际上也为产品供应商提供了一个产品消费评价和产品改进的意见收集平台。这样就深化了产品供应链关系。所以,孩子王说自己是一家顾客数据运营公司。

（3）管理创新：内部激励变成外部激励，员工成为自己的 CEO 和店铺流量的新入口。

关键是通过虚拟社群（孩子王 App 和微信公众号），孩子王将用户和员工、第三方相关利益者（儿科专家等）组织在一起，即时响应并满足会员的新需求，还带来了管理的创新。**即会员可以通过接受服务给予服务方五星评价及打赏，这样就将内部激励变成外部激励，你服务得好不好，用户说了算，极大地调动了员工和专家的积极性和荣耀感。**如图 9-9 所示。

图 9-9 孩子王 App 员工在线及服务、评价、打赏示意图

毕竟每位员工都可以通过优质服务获得用户粉丝，粉丝越多收入越高。这样企业就变成了平台，员工和专家也变成了自己的 CEO，实现了量子管理（自我管理和荣耀管理）。同样，优质的服务让每位员工成为门店的流量新入口。

> **观点摘要**

> 1. 品牌与加盟商进入博弈期,就是在产品供应链上出现了问题,是典型的"供需矛盾"。解决办法就是践行社群新营销(AF),构建"供需一体化"的品牌产品供应链,品牌和加盟商、加工厂在这个价值链上共创共享增量效益,这才是未来的方向。

> 2. 珠宝渠道管理以深度分销(研究能开商铺的区域与位置,把业务员培养成开店先锋)为抓手,传递给终端的是压力:开店、开店、开店,目标是拿货、拿货、拿货;未来的渠道管理是以深度粉销(研究用户和消费者,把他们培养成粉丝,靠粉丝支持)为抓手,传递给终端的是赋能:新营销方案、新渠道开拓、新消费者研究,目标是赚钱、赚钱、赚钱。

> 3. 靠垄断发展的时代过去了!靠消费者支持的时代开启了!消费者主权时代,抢占用户成为运营的核心。

推荐语

本书通过众多实战案例来说透珠宝新营销、新零售、新传播,对企业品牌运营启发很大。

——TTF高级珠宝创始人、董事长　吴峰华

消费升级背景下,全国性的品牌不要过于频繁参与价格战,应该玩"价格恒定""场景体验""社交货币",这是我比较认可的观点。

——杭州佐卡伊电子商务有限公司董事长　吴涛

珠宝新营销新在"用户思维",新在"连接器和价值贡献"。书中有大量经过实战检验的珠宝新营销案例,玩法新颖,效果爆棚。这本书值得珠宝运营者认真学习。

——深圳钻之韵珠宝有限公司董事长　耿波

新品牌的市场机会在哪里?区域品牌如何市场破局?老品牌如何年轻化、时尚化?是侧重品牌管理还是价值链管理?本书给你一个清晰的答案。

——深圳普林尼珠宝有限公司董事长　汪季

珠宝行业的营销要提档升级,从"卖产品、卖专业"向"卖场景、卖文化"过渡,让顾客买了觉得值,有荣耀感和参与感。崔德乾的新营销理论和实操案例,给行业提供了借鉴。

——中原珠宝创新研究院常务副院长　慕强

本书的作者是一位上马能战、下马能教,台上能讲、台下愿学的新营销"老玩家"。中国珠宝行业正期待越来越多像崔德乾一样的实战专家。

——百年知本创始人、ALLWAY奥美全营销联合创始人、CEO　林非

推荐作者得新书!
博瑞森征稿启事

亲爱的读者朋友:

感谢您选择了博瑞森图书!希望您手中的这本书能给您带来实实在在的帮助!

博瑞森一直致力于发掘好作者、好内容,希望能把您最需要的思想、方法,一字一句地交到您手中,成为管理知识与管理实践的桥梁。

但是我们也知道,有很多深入企业一线、经验丰富、乐于分享的优秀专家,或者忙于实战没时间,或者缺少专业的写作指导和便捷的出版途径,只能茫然以待……

还有很多在竞争大潮中坚守的企业,有着异常宝贵的实践经验和独特的洞察,但缺少专业的记录和整理者,无法让企业的经验和故事被更多的人了解、学习……

对读者而言,这些都太遗憾了!

博瑞森非常希望能将这些埋藏的"宝藏"发掘出来,贡献给广大读者,让更多的人从中受益。

所以,我们真心地邀请您,我们的老读者,帮我们搜寻:

推荐作者

可以是您自己或您的朋友,只要对本土管理有实践、有思考;可以是您通过网络、杂志、书籍或其他途径了解的某位专家,不管名气大小,只要他的思想和方法曾让您深受启发。

可以是管理类作品,也可以超出管理,各类优秀的社科作品或学术作品。

推荐企业

可以是您自己所在的企业,或者是您熟悉的某家企业,其创业过程、运营经历、产品研发、机制创新,等等。无论企业大小,只要乐于分享、有值得借鉴书写之处。

总之,好内容就是一切!

博瑞森绝非"自费出书",出版费用完全由我们承担。您推荐的作者或企业案例一经采用,我们会立刻向您赠送书币1000元,可直接换取任何博瑞森图书的纸书或电子书。

感谢您对本土管理原创、博瑞森图书的支持!

推荐投稿邮箱:bookgood@126.com　　推荐手机:13611149991

1120 本土管理实践与创新论坛

这是由 100 多位本土管理专家联合创立的企业管理实践学术交流组织,旨在孵化本土管理思想、促进企业管理实践、加强专家间交流与协作。

论坛每年集中力量办好两件大事:第一,"**出一本书**",汇聚一年的思考和实践,把最原创、最前沿、最实战的内容集结成册,贡献给读者;第二,"**办一次会**",每年 11 月 20 日本土管理专家们汇聚一堂,碰撞思想、研讨案例、交流切磋、回馈社会。

论坛理事名单(以年龄为序,以示传承之意)

首届常务理事:

彭志雄	曾 伟	施 炜	杨 涛	张学军	郭 晓	程绍珊	胡八一
王祥伍	李志华	陈立云	杨永华				

理　事:

张再林	卢根鑫	刘文瑞	王铁仁	周荣辉	罗 珉	房西苑	曾令同
黄民兴	陆和平	孟广桥	宋杼宸	张国祥	刘承元	叶兴平	曹子祥
宋新宇	吴越舟	吴 坚	杜建君	戴欣明	仲昭川	刘春雄	刘祖轲
张茂泽	段继东	陈立胜	梁 涛	何 慕	秦国伟	贺兵一	罗海容
张小虎	陈忠建	郭 剑	余晓雷	黄中强	朱玉童	沈 坤	阎立忠
张 进	丁兴良	朱仁健	薛宝峰	史贤龙	卢 强	史幼波	黄剑黎
叶敦明	王 涛	李文才	王 强	张远凤	陈 明	廖信琳	岑立聪
方 刚	何足奇	周 俊	杨 奕	孙行健	孙嘉晖	张东利	郭富才
叶 宁	何 屹	沈 奎	王明胤	王 超	马宝琳	谭长春	杨竣雄
夏惊鸣	张 博	段传敏	李洪道	胡浪球	孙 波	唐江华	程 翔
翟玉忠	刘红明	杨鸿贵	伯建新	高可为	李 蓓	王春强	孔祥云
戴 勇	贾同领	罗宏文	张兵武	史立臣	李政权	余 盛	陈小龙
尚 锋	邢 雷	余伟辉	李小勇	苗庆显	孙 巍	陈继展	全怀周
林延君	王清华	初勇钢	陈 锐	高继中	聂志新	黄 屹	沈 拓
徐伟泽	漆 寒	谭洪华	崔自三	王玉荣	蒋 军	侯军伟	黄润霖
朱伟杰	金国华	吴 之	葛新红	周 剑	崔海鹏	李治江	陈海超
柏 龑	唐道明	刘书生	朱志明	曲宗恺	杜 忠	黄渊明	王献永
范月明	吕 林	刘文新	赵晓萌	张 伟	韩 旭	韩友诚	熊亚柱
秦海林	孙彩军	刘 雷	贺小林	王庆云	黄 娜	俞士耀	田 军
丁 昀	张小峰	黄 磊	罗晓慧	赵海永	伏泓霖	任彭枚	梁小平
鄢圣安	马方旭	乐 涛	杨晓燕	欧阳莉华	陈 慧	张 璐	

企业案例·老板传记

	书名.作者	内容/特色	读者价值
企业案例·老板传记	你不知道的加多宝:原市场部高管讲述 曲宗恺 牛玮娜 著	前加多宝高管解读加多宝	全景式解读,原汁原味
	借力咨询:德邦成长背后的秘密 官同良 王祥伍 著	讲述德邦是如何借助咨询公司的力量进行自身与发展的	来自德邦内部的第一线资料,真实、珍贵,令人受益匪浅
	娃哈哈区域标杆:豫北市场营销实录 罗宏文 赵晓萌 等著	本书从区域的角度来写娃哈哈河南分公司豫北市场是怎么进行区域市场营销,成为娃哈哈全国第一大市场、全国增量第一高市场的一些操作方法	参考性、指导性,一线真实资料
	六个核桃凭什么:从0过100亿 张学军 著	首部全面揭秘养元六个核桃裂变式成长的巨著	学习优秀企业的成长路径,了解其背后的理论体系
	像六个核桃一样:打造畅销品的36个简明法则 王超 范萍 著	本书分上下两篇:包括"六个核桃"的营销战略历程和36条畅销法则	知名企业的战略历程极具参考价值,36条法则提供操作方法
	解决方案营销实战案例 刘祖轲 著	用10个真案例讲明白什么是工业品的解决方案式营销,实战、实用	有干货,真正操作过的才能写得出来
	招招见销量的营销常识 刘文新 著	如何让每一个营销动作都直指销量	适合中小企业,看了就能用
	我们的营销真案例 联纵智达研究院 著	五芳斋粽子从区域到全国/诺贝尔瓷砖门店销量提升/利豪家具出口转内销/汤臣倍健的营销模式	选择的案例都很有代表性,实在、实操!
	中国营销战实录:令人拍案叫绝的营销真案例 联纵智达 著	51个案例,42家企业,38万字,18年,累计2000余人次参与……	最真实的营销案例,全是一线记录,开阔眼界
	双剑破局:沈坤营销策划案例集 沈坤 著	双剑公司多年来的精选案例解析集,阐述了项目策划中每一个营销策略的诞生过程,策划角度和方法	一线真实案例,与众不同的策划角度令人拍案叫绝、受益匪浅
	宗:一位制造业企业家的思考 杨涛 著	1993年创业,引领企业平稳发展20多年,分享独到的心得体会	难得的一本老板分享经验的书
	简单思考:AMT咨询创始人自述 孔祥云 著	著名咨询公司(AMT)的CEO创业历程中点点滴滴的经验与思考	每一位咨询人,每一位创业者和管理经营者,都值得一读
	边干边学做老板 黄中强 著	创业20多年的老板,有经验、能写、又愿意分享,这样的书很少	处处共鸣,帮助中小企业老板少走弯路
	三四线城市超市如何快速成长:解密甘雨亭 IBMG国际商业管理集团 著	国内外标杆企业的经验+本土实践量化数据+操作步骤、方法	通俗易懂,行业经验丰富,宝贵的行业量化数据,关键思路和步骤
	中国首家未来超市:解密安徽乐城 IBMG国际商业管理集团 著	本书深入挖掘了安徽乐城超市的试验案例,为零售企业未来的发展提供了一条可借鉴之路	通俗易懂,行业经验丰富,宝贵的行业量化数据,关键思路和步骤

互联网+

	书名.作者	内容/特色	读者价值
互联网+	新营销 刘春雄 著	新营销的新框架体系是场景是产品逻辑,IP是品牌逻辑,社群是连接逻辑,传播是营销逻辑	助力品牌商实现由传统营销到新营销的理念和行动的跨越,助力企业打赢升级转型之仗
	企业微信营销全指导 孙巍 著	专门给企业看到的微信营销书,手把手教企业从小白到微信营销专家	企业想学微信营销现在还不晚,两眼一抹黑也不怕,有这本书就够

续表

	书名/作者	内容简介	推荐语
互联网+	企业网络营销这样做才对:B2B 大宗B2C 张 进 著	简单直白拿来就用,各种窍门信手拈来,企业网络营销不麻烦也不用再头疼,一般人不告诉他	B2B、大宗B2C企业有福了,看了就能学会网络营销
	互联网时代的银行转型 韩友诚 著	以大量案例形式为读者全面展示和分析了银行的互联网金融转型应对之道	结合本土银行转型发展案例的书籍
	正在发生的转型升级·实践 本土管理实践与创新论坛 著	企业在快速变革期所展现出的管理变革新成果、新方法、新案例	重点突出对于未来企业管理相关领域的趋势研判
	触发需求:互联网新营销样本·水产 何足奇 著	传统产业都在苦闷中挣扎前行,本书通过鲜活的案例告诉你如何以需求侧整合供应链,从而把大家熟知的传统行业打碎了重构、重做一遍	全是干货,值得细读学习,并且作者的理论已经经过了他亲自操刀的实践检验,效果惊人,就在书中全景展示
	移动互联新玩法:未来商业的格局和趋势 史贤龙 著	传统商业、电商、移动互联,三个世界并存,这种新格局的玩法一定要懂	看清热点的本质,把握行业先机,一本书搞定移动互联网
	微商生意经:真实再现33个成功案例操作全程 伏泓霖 罗晓慧 著	本书为33个真实案例,分享案例主人公在做微商过程中的经验教训	案例真实,有借鉴意义
	阿里巴巴实战运营——14招玩转诚信通 聂志新 著	本书主要介绍阿里巴巴诚信通的十四个基本推广操作,从而帮助使用诚信通的用户及企业更好地提升业绩	基本操作,很多可以边学边用,简单易学
	阿里巴巴实战运营2:诚信通热卖技巧 聂嵘海 著	诚信通TOP商家赚钱的密码箱,手把手教你操作,拿来就用	图文并茂,内容齐全,直接可以对照使用
	抖音营销如何做:未来抖商 刘大贺 著	解密从0到1亿粉丝的实操路径,深度剖析抖音营销全系统策略	企业做抖音营销的第一书
	微商团队长:从入门到精通 罗品牌 著	由浅入深,涵盖微商团队长必学技能的方方面面	只要照着做,就能当好微商团队长
	互联网精准营销 蒋 军 著	怎么在互联网时代整体策划、包装品牌和产品,并在此基础上为企业设计商业模式,技术实现并运营落地	为有基础的小微企业(大企业的新项目)1年实现销售额过亿,2年对接资本,3年左右准IPO
	今后这样做品牌:移动互联时代的品牌营销策略 蒋 军 著	与移动互联紧密结合,告诉你老方法还能不能用,新方法怎么用	今后这样做品牌就对了
	互联网+"变"与"不变":本土管理实践与创新论坛集萃·2016 本土管理实践与创新论坛 著	本土管理领域正在产生自己独特的理论和模式,尤其在移动互联时代,有很多新课题需要本土专家们一起研究	帮助读者拓宽眼界、突破思维
	创造增量市场:传统企业互联网转型之道 刘红明 著	传统企业需要用互联网思维去创造增量,而不是用电子商务去转移传统业务的存量	教你怎么在"互联网+"的海洋中创造实实在在的增量
	重生战略:移动互联网和大数据时代的转型法则 沈 拓 著	在移动互联网和大数据时代,传统企业转型如同生命体打算与再造,称之为"重生战略"	帮助企业认清移动互联网环境下的变化和应对之道
	画出公司的互联网进化路线图:用互联网思维重塑产品、客户和价值 李 蓓 著	18个问题帮助企业一步步梳理出互联网转型思路	思路清晰、案例丰富,非常有启发性
	7个转变,让公司3年胜出 李 蓓 著	消费者主权时代,企业该怎么办	这就是互联网思维,老板有能这样想,肯定倒不了
	跳出同质思维,从跟随到领先 郭 剑 著	66个精彩案例剖析,帮助老板突破行业长期思维惯性	做企业竟然有这么多玩法,开眼界

续表

行业类:零售、白酒、食品/快消品、农业、医药、建材家居等			
	书名·作者	内容/特色	读者价值
零售·超市·餐饮·服装	总部有多强大,门店就能走多远 IBMG 国际商业管理集团 著	如何把总部做强,成为门店的坚实后盾	了解总部建设的方法与经验
	超市卖场定价策略与品类管理 IBMG 国际商业管理集团 著	超市定价策略与品类管理实操案例和方法	拿来就能用的理论和工具
	连锁零售企业招聘与培训破解之道 IBMG 国际商业管理集团 著	围绕零售企业组织架构、培训体系建设等内容进行深刻探讨	破解人才发现和培养瓶颈的关键点
	中国首家未来超市:解密安徽乐城 IBMG 国际商业管理集团 著	介绍了乐城作为中国首家未来超市从无到有的传奇经历	了解新型零售超市的运作方式及管理特色
	三四线城市超市如何快速成长:解密甘雨亭 IBMG 国际商业管理集团 著	揭秘一家三四线连锁超市的经验策略	不但可以欣赏它的优点,而且可以学会它成功的方法
	新零售 新终端 迪智成咨询团队 著	梳理和提炼新零售的系统打法,将之落地在新终端建设上	让新零售这一看似形而上的商业概念有了可以落地的立足点
	新零售动作分解:建材 家居 家具 盛斌子 著	第一本锁定在家居建材、家电、家装等耐用消费品领域谈新零售的书	第一本谈新零售的具体动作、策略、方法、招术的书,拿来就用
	新零售进化趋势与未来格局 李政权 著	通过业态、品类、体验、场景等,逐一呈现新零售的未来进化	就新零售未来的发展方向与进化趋势给出一个确定性的未来
	涨价也能卖到翻 村松达夫 【日】	提升客单价的 15 种实用、有效的方法	日本企业在这方面非常值得学习和借鉴
	移动互联下的超市升级 联商网专栏频道 著	深度解析超市转型升级重点	帮助零售企业把握全局、看清方向
	手把手教你做专业督导:专卖店、连锁店 熊亚柱 著	从督导的职能、作用,在工作中需要的专业技能、方法,都提供了详细的解读和训练办法,同时附有大量的表单工具	无论是店铺需要统一培训,还是个人想成为优秀的督导,有这一本就够了
	百货零售全渠道营销策略 陈继展 著	没有照本宣科、说教式的絮叨,只有笔者对行业的认知与理解,庖丁解牛式的逐项解析、展开	通俗易懂,花极少的时间快速掌握该领域的知识及趋势
	零售:把客流变成购买力 丁昀 著	如何通过不断升级产品和体验式服务来经营客流	如何进行体验营销,国外的好经营,这方面有启发
	餐饮企业经营策略第一书 吴坚 著	分别从产品、顾客、市场、盈利模式等几个方面,对现阶段餐饮企业的发展提出策略和思路	第一本专业的、高端的餐饮企业经营指导书
	餐饮新营销 杨勇 程绍珊 著	在新环境下,对餐饮营销管理进行了全面深入的解读,提供了方式方法	全面性、系统性,区别于市面上的纯操作类作品
	电影院的下一个黄金十年:开发·差异化·案例 李保煜 著	对目前电影市场存大的问题及如何解决进行了探讨与解读	多角度了解电影院运营方式及代表性案例
	赚不赚钱靠店长:从懂管理到会经营 孙彩军 著	通过生动的案例来进行剖析,注重门店管理细节方面的能力提升	帮助终端门店店长在管理门店的过程中实现经营思路的拓展与突破
耐消品	商用车经销商运营实战 杜建君 王朝阳 章晓青 等著	从管理到经营,从销售到服务,系统化运作全指导	为经销商经营开阔思路,掌握方法
	汽车配件这样卖:汽车后市场销售秘诀 100 条 俞士耀 著	汽配销售业务员必读,手把手教授最实用的方法,轻松得来好业绩	快速上岗,专业实效,业绩无忧

续表

	书名/作者	内容	推荐语
耐消品	润滑油销售：这样说这样做更有效 张金荣　著	针对渠道、经销商、终端的超实用话术	上车看，下车用，3分钟就能学会。
	新经销：新零售时代，教你做大商 黄润霖　著	从选址、产品、促销、团队、规模阐述新经销变与不变的市场手法和操作思路	实地拜访近100位经销商在传统营销手法上的创新、新营销工具的发现
	珠宝黄金新营销 崔德乾　著	营销、品牌、产品、连接、场景、社群、服务、传播、管理及产业价值链	新营销在珠宝行业的实战应用，业内必备第一书
	跟行业老手学经销商开发与管理：家电、耐消品、建材家居 黄润霖　著	全部来源于经销商管理的一线问题，作者用丰富的经验将每一个问题落实到最便捷快速的操作方法上去	书中每一个问题都是普通营销人亲口提出的，这些问题你也会遇到，作者进行的解答则精彩实用
白酒	酒水饮料快消品餐饮渠道营销手册 朱伟杰　著	主要针对快消品（酒水、饮料）的餐饮渠道，提供了区域、商圈、不同业态的规划和促销安排等多种工具，并提出了经销商、批发商等相关人员的管理方法	一本酒水饮料如何在餐饮渠道销售的全能手册，内容深入翔实，可以直接照搬套用，这样的便利简直千金不换
	白酒到底如何卖 赵海永　著	以市场实战为主，多层次、全方位、多角度地阐释了白酒一线市场操作的最新模式和方法，接地气	实操性强，37个方法、6大案例帮你成功卖酒
	变局下的白酒企业重构 杨永华　著	帮助白酒企业从产业视角看清趋势，找准位置，实现弯道超车的书	行业内企业要减少90%，自己在什么位置，怎么做，都清楚了
	1. 白酒营销的第一本书（升级版） 2. 白酒经销商的第一本书 唐江华　著	华泽集团湖南开口笑公司品牌部长，擅长酒类新品推广、新市场拓展	扎根一线，实战
	区域型白酒企业营销必胜法则 朱志明　著	为区域型白酒企业提供35条必胜法则，在竞争中赢销的葵花宝典	丰富的一线经验和深厚积累，实操实用
	10步成功运作白酒区域市场 朱志明　著	白酒区域操盘手必备，掌握区域市场运作的战略、战术、兵法	在区域市场的攻伐防守中运筹帷幄，立于不败之地
	酒业转型大时代：微酒精选2014-2015 微酒　主编	本书分为五个部分：当年大事件、那些酒业营销工具、微酒独立策划、业内大调查和十大经典案例	了解行业新动态、新观点，学习营销方法
快消品·食品	中国快消品营销的这些年 史贤龙　著	作者精华文章的合集，一本书浓缩了过去十五年，中国营销的实战历程与前沿思考	快消品营销行业的案例和方法都原汁原味呈现，在反映当时风貌的同时，展望与反思
	营销中国茶：2小时读懂茶叶营销 史贤龙　著	从不同视角对中国的茶营销进行了思考，内容涉及中国茶产业战略困境、茶企业规模化、茶品牌崛起、茶文化、茶营销、茶消费、茶零售、茶道等	内容丰富扎实，文字流畅，浓缩的都是精华，让你2小时读懂茶叶营销
	这样打造快消品标杆市场 罗宏文　著	帮助你解决如何成功打造标杆市场和进行持续增量管理两大问题	一套系统的方法论，通俗易懂，可以直接套用
	5小时读懂快消品营销：中国快消品案例观察 陈海超　著	多年营销经验的一线老手把案例掰开了，揉碎了，从中得出的各种手段和方法给读者以帮助和启发	营销那些事儿的个中秘辛，求人还不一定告诉你，这本书里就有
	快消品招商的第一本书：从入门到精通 刘雷　著	深入浅出，不说废话，有工具方法，通俗易懂	让零基础的招商新人快速学习书中最实用的招商技能，成长为骨干人才
	乳业营销第一书 侯军伟　著	对区域乳品企业生存发展关键性问题的梳理	唯一的区域乳业营销书，区域乳品企业一定要看

续表

	书名/作者	内容简介	推荐理由
快消品·食品	金龙鱼背后的粮油帝国 余 盛 著	讲述金龙鱼品牌及母公司丰益国际的商业冒险故事	在精彩的阅读体验中学到营销管理的方法
	食用油营销第一书 余 盛 著	10多年油脂企业工作经验,从行业到具体实操	食用油行业第一书,当之无愧
	中国茶叶营销第一书 柏 龑 著	如何跳出茶行业"大文化小产业"的困境,作者给出了自己的观察和思考	不是传统做茶的思路,而是现在商业做茶的思路
	调味品企业八大必胜法则 张 戟 著	八大规律性的关键成功要素,背后都有本土调味品企业的成功实践	"观点阐述+案例描述",行业必读
	调味品营销第一书 陈小龙 著	国内唯一一本调味品营销的书	唯一的调味品营销的书,调味品的从业者一定要看
	快消品营销人的第一本书:从入门到精通 刘 雷 伯建新 著	快消行业必读书,从入门到专业	深入细致,易学易懂
	变局下的快消品营销实战策略 杨永华 著	通胀了,成本增加,如何从被动应战变成主动的"系统战"	作者对快消品行业非常熟悉、非常实战
	快消品经销商如何快速做大 杨永华 著	本书完全从实战的角度,评述现象,解析误区,揭示原理,传授方法	为转型期的经销商提供了解决思路,指出了发展方向
	快消品营销:一位销售经理的工作心得2 蒋 军 著	快消品、食品饮料营销的经验之谈,重点图书	来源与实战的精华总结
	快消品营销与渠道管理 谭长春 著	将快消品标杆企业渠道管理的经验和方法分享出来	可口可乐、华润的一些具体的渠道管理经验,实战
	成为优秀的快消品区域经理(升级版) 伯建新 著	用"怎么办"分析区域经理的工作关键点,增加30%全新内容,更贴近环境变化	可以作为区域经理的"速成催化器"
	销售轨迹:一位快消品营销总监的拼搏之路 秦国伟 著	本书讲述了一个普通销售员打拼成为跨国企业营销总监的真实奋斗历程	激励人心,给广大销售员以力量和鼓舞
	快消老手都在这样做:区域经理操盘锦囊 方 刚 著	非常接地气,全是多年沉淀下来的干货,丰富的一线经验和实操方法不可多得	在市场摸爬滚打的"老油条",那些独家绝招妙招你一般问都是问不来的
	动销四维:全程辅导与新品上市 高继中 著	从产品、渠道、促销和新品上市详细讲解提高动销的具体方法,总结作者18年的快消品行业经验,方法实操	内容全面系统,方法实操
农业	饲料营销有方法:策略 案例 工具 陈石平 著	跳出饲料看饲料,根据饲料营销的关键成功要素(KSF)提出7大核心命题	紧跟农牧产业发展大势,提高饲料企业营销竞争力
	新农资如何换道超车 刘祖轲 等著	从农业产业化、互联网转型、行业营销与经营突破四个方面阐述如何让农资企业占领先机、提前布局	南方略专家告诉你如何应对资源浪费、生产效率低下、产能严重过剩、价格与价值严重扭曲等
	中国牧场管理实战:畜牧业、乳业必读 黄剑黎 著	本书不仅提供了来自一线的实际经验,还收入了丰富的工具文档与表单	填补空白的行业必读作品
	中小农业企业品牌战法 韩 旭 著	将中小农业企业品牌建设的方法,从理论讲到实践,具有指导性	全面把握品牌规划,传播推广,落地执行的具体措施
	农资营销实战全指导 张 博 著	农资如何向"深度营销"转型,从理论到实践进行系统剖析,经验资深	朴实、使用!不可多得的农资营销实战指导
	农产品营销第一书 胡浪球 著	从农业企业战略到市场开拓、营销、品牌、模式等	来源于实践中的思考,有启发
	变局下的农牧企业9大成长策略 彭志雄 著	食品安全、纵向延伸、横向联合、品牌建设……	唯一的农牧企业经营实操的书,农牧企业一定要看

续表

	书名/作者	简介	推荐语
医药	在中国,医药营销这样做:时代方略精选文集 段继东 主编	专注于医药营销咨询15年,将医药营销方法的精华文章合编,深入全面	可谓医药营销领域的顶尖著作,医药界读者的必读书
	医药新营销:制药企业、医药商业企业营销模式转型 史立臣 著	医药生产企业和商业企业在新环境下如何做营销?老方法还有没有用?如何寻找新方法?新方法怎么用?本书给你答案	内容非常现实接地气,踏实谈问题说方法
	医药企业转型升级战略 史立臣 著	药企转型升级有5大途径,并给出落地步骤及风险控制方法	实操性强,有作者个人经验总结及分析
	新医改下的医药营销与团队管理 史立臣 著	探讨新医改对医药行业的系列影响和医药团队管理	帮助理清思路,有一个框架
	医药营销与处方药学术推广 马宝琳 著	如何用医学策划把"平民产品"变成"明星产品"	有真货、讲真话的作者,堪称处方药营销的经典!
	医药行业大洗牌与药企创新 林延君 沈斌 著	一方面,围绕着变革,多角度阐述药企的应对之道;另一方面,紧扣实践,介绍近百家医药企业创新实践案例	医改变革10年,医药企业如何应对大洗牌?重磅出击的药企人必读书
	新医改了,药店就要这样开 尚锋 著	药店经营、管理、营销全攻略	有很强的实战性和可操作性
	电商来了,实体药店如何突围 尚锋 著	电商崛起,药店该如何突围?本书从促销、会员服务、专业性、客单价等多重角度给出了指导方向	实战攻略,拿来就能用
	OTC医药代表药店销售36计 鄢圣安 著	以《三十六计》为线,写OTC医药代表向药店销售的一些技巧与策略	案例丰富,生动真实,实操性强
	OTC医药代表药店开发与维护 鄢圣安 著	要做到一名专业的医药代表,需要做什么、准备什么、知识储备、操作技巧等	医药代表药店拜访的指导手册,手把手教你快速上手
	引爆药店成交率1:店员导购实战 范月明 著	一本书解决药店导购所有难题	情景化、真实化、实战化
	引爆药店成交率2:经营落地实战 范月明 著	最接地气的经营方法全指导	揭示了药店经营的几类关键问题
	引爆药店成交率:专业化销售解决方案 范月明 著	药品搭配分析与关联销售	为药店人专业化助力
	处方药合规推广实战宝典 赵佳震 著	推广体系搭建、推广人员岗位工作内容、推广服务外包商管理等六个方面	解决"医药代表转型"和"推广服务外包商管理"的困惑
	医药代理商实操全指导:新环境 新战法 戴文杰 著	结合医药市场政策环境解读新环境下医药招商的战法,着重分析药品产业链的盈利机会	医药销售业务人员的必备读物
	攻略基层诊所:医药营销这样做 张江民 著	对基层诊所的开发、维护和动销,拿来就用的方式方法	实战是本书的主旨,只要用心去看,就能在基层诊所市场中运用
	互联网医药的未来 动脉网 编著	介绍了互联网医药发展的现状与趋势	帮助创业者和投资人看清未来,把握当下
	处方药零售这样做 田军 著	阐述了处方药零售的重要性,以及做处方药零售市场的具体措施和方法	系统性了解和掌握处方药零售方法
建材家居	成为最赚钱的家具建材经销商 李治江 著	从销售模式、产品、门店等老板们最关注和最需要的方面解决问题、提供方法	只要你是建材、家具、家居用品的经销商老板,这就是一本必读的书
	定制家居黄金十年 韩锋 翁长华 著	梳理了定制家居的商业模式和发展情况	帮助定制家居看清方向,把握当下
	家具建材促销与引流 薛亮 李永峰 著	十大促销模式的详细方法和工具	让你天天签大单

续表

分类	书名/作者	内容简介	特点
建材家居	家具行业操盘手 王献永 著	家具行业问题的终结者	解决了干家具还有没有前途？为什么同城多店的家具经销商很难做大做强等问题
	建材家居营销：除了促销还能做什么 孙嘉晖 著	一线老手的深度思考，告诉你在建材家居营销模式基本停滞的今天，除了促销，营销还能怎么做	给你的想法一场革命
	建材家居营销实务 程绍珊 杨鸿贵 主编	价值营销运用到建材家居，每一步都让客户增值	有自己的系统、实战
	家居建材门店6力爆破 贾同领 著	合盘道出一线品牌销量秘籍	6力招招见血，既有招数，又有策略
	建材家居门店销量提升 贾同领 著	店面选址、广告投放、推广助销、空间布局、生动展示、店面运营等	门店销量提升是一个系统工程，非常系统、实战
	10步成为最棒的建材家居门店店长 徐伟泽 著	实际方法易学易用，让员工能够迅速成长，成为独当一面的好店长	只要坚持这样干，一定能成为好店长
	手把手帮建材家居导购业绩倍增：成为顶尖的门店店员 熊亚柱 著	生动的表现形式，让普通人也能成为优秀的导购员，让门店业绩长红	读着有趣，用着简单，一本在手、业绩无忧
	建材家居经销商实战42章经 王庆云 著	告诉经销商：老板怎么当、团队怎么带、生意怎么做	忠言逆耳，看着不舒服就对了，实战总结，用一招半式就值了
工业品	销售是门专业活：B2B、工业品 陆和平 著	销售流程就应该跟着客户的采购流程和关注点的变化向前推进，将一个完整的销售过程分成十个阶段，提供具体方法	销售不是请客吃饭拉关系，是个专业的活计！方法在手，走遍天下不愁
	解决方案营销实战案例 刘祖轲 著	用10个真案例讲明白什么是工业品的解决方案式营销，实战、实用	有干货，真正操作过的才能写得出来
	变局下的工业品企业7大机遇 叶敦明 著	产业链条的整合机会、盈利模式的复制机会、营销红利的机会、工业服务商转型机会……	工业品企业还可以这样做，思维大突破
	工业品市场部实战全指导 杜忠 著	工业品市场部经理工作内容全指导	系统、全面、有理论、有方法，帮助工业品市场部经理更快提升专业能力
	工业品营销管理实务 李洪道 著	中国特色工业品营销体系的全面深化、工业品营销管理体系优化升级	工具更实战，案例更鲜活，内容更深化
	工业品企业如何做品牌 张东利 著	为工业品企业提供最全面的品牌建设思路	有策略、有方法、有思路、有工具
	丁兴良讲工业4.0 丁兴良 著	没有枯燥的理论和说教，用朴实直白的语言告诉你工业4.0的全貌	工业4.0是什么？本书告诉你答案
	资深大客户经理：策略准，执行狠 叶敦明 著	从业务开发、发起攻势、关系培育、职业成长四个方面，详述了大客户营销的精髓	满满的全是干货
	两化融合管理系统贯标流程与方法 戴勇 张华杰 张百荣 编著	全面梳理贯标流程和方法	帮助企业成功贯标
	一切都为了订单：订单驱动下的工业品营销实战 唐道明 著	其实，所有的企业都在围绕着两个字在开展全部的经营和管理工作，那就是"订单"	开发订单、满足订单、扩大订单。本书全是实操方法，字字珠玑、句句干货，教你获得营销的胜利
金融	交易心理分析 (美)马克·道格拉斯 著 刘真如 译	作者一语道破赢家的思考方式，并提供了具体的训练方法	不愧是投资心理的第一书，绝对经典
	精品银行管理之道 崔海鹏 何屹 主编	中小银行转型的实战经验总结	中小银行的教材很多，实战类的书很少，可以看看

续表

	书名・作者	内容/特色	读者价值
金融	支付战争 Eric M. Jackson 著 徐 彬 王 晓 译	PayPal创业期营销官，亲身讲述PayPal从诞生到壮大到成功出售的整个历史	激烈、有趣的内幕商战故事！了解美国支付市场的风云巨变
	中外并购名著专业阅读指南 叶兴平 等著	在5000多本并购类图书中精选的200著作，在阅读的基础上写的读书评价	精挑细选200本并一一评介，省去读者挑选的烦恼，快捷、高效
	新三板信息披露全流程：操作与工具 和珩科技 著	详细拆解董秘日常工作过程中所需的信息披露流程	董秘案头必备用书
	成功并购300本：一本书搞定并购难题 浩德军师并购联盟 著	从财务，税务，法律等角度详细解答疑问	能解决80%的并购问题
	互联网时代的银行转型 韩友诚 著	以大量案例形式为读者全面展示和分析了银行应对的互联网金融转型应对之道	结合本土银行转型发展案例的书籍
房地产	产业园区/产业地产规划、招商、运营实战 阎立忠 著	目前中国第一本系统解读产业园区和产业地产建设运营的实战宝典	从认知、策划、招商到运营全面了解地产策划
	人文商业地产策划 戴欣明 著	城市与商业地产战略定位的关键是不可复制性，要发现独一无二的"味道"	突破千城一面的策划困局
	中国城市群房地产投资策略 吕俊博 著	全方位、多角度分析城市群房地产现状是趋势	让亿元资产投资更理性、更安全
	电影院的下一个黄金十年：开发・差异化・案例 李保煜 著	对目前电影院市场存大的问题及如何解决进行了探讨与解读	多角度了解电影院运营方式及代表性案例
能源	全能型班组：城市能源互联网与电力班组升级 国网天津市电力公司 编著	借鉴国内外优秀企业的转型升级思路，通过对于新型班组组织模式和运行机制的大胆设想，力图构建充分适应内外环境变化的全能型班组	看看庞大的国企在新环境下是如何顺应时代的
	国网天津电力全能型班组建设实务 国网天津市电力公司 编著	本书聚焦于天津电力公司在探索全能型班组转型升级时的优秀实践	电力行业的班组实践，具体、可操作性强

经营类：企业如何赚钱，如何抓机会，如何突破，如何"开源"

	书名・作者	内容/特色	读者价值
抓方向	让经营回归简单．升级版 宋新宇 著	化繁为简抓住经营本质：战略、客户、产品、员工、成长	经典，做企业就这几个关键点！
	混沌与秩序Ⅰ：变革时代企业领先之道 混沌与秩序Ⅱ：变革时代管理新思维 彭剑锋 尚艳玲 主编	汇集华夏基石专家团队10年来研究成果，集中选择了其中的精华文章编纂成册	作者都是既有深厚理论积淀又有实践经验的重磅专家，为中国企业和企业家的未来提出了高屋建瓴的观点
	活系统：跟任正非学当老板 孙行健 尹 贤 著	以任正非的独到视角，教企业老板如何经营公司	看透公司经营本质，激活企业活力
	重构：快消品企业重生之道 杨永华 著	从7个角度，帮助企业实现系统性的改造	提供转型思想与方法，值得参考
	公司由小到大要过哪些坎 卢 强 著	老板手里的一张"企业成长路线图"	现在我在哪儿，未来还要走哪些路，都清楚了
	企业二次创业成功路线图 夏惊鸣 著	企业曾经抓住机会成功了，但下一步该怎么办？	企业怎样获得第二次成功，心里有个大框架了
	老板经理人双赢之道 陈 明 著	经理人怎养选平台、怎么开局，老板怎样选/育/用/留	老板生闷气，经理人牢骚大，这次知道该怎么办了

续表

	书名/作者	内容简介	推荐语
抓方向	简单思考:AMT咨询创始人自述 孔祥云 著	著名咨询公司(AMT)的CEO创业历程中点点滴滴的经验与思考	每一位咨询人,每一位创业者和管理经营者,都值得一读
	企业文化的逻辑 王祥伍 黄健江 著	为什么企业绩效如此不同,解开绩效背后的文化密码	少有的深刻,有品质,读起来很流畅
	使命驱动企业成长 高可为 著	钱能让一个人今天努力,使命能让一群人长期努力	对于想做事业的人,'使命'是绕不过去的
思维突破	盈利原本就这么简单 高可为 著	从财务的角度揭示企业盈利的秘密	多方面解读商业模式与盈利的关系,通俗易懂,受益匪浅
	经营:打造你的盈利系统 高可为 著	从盈利角度梳理了系统化的经营方式	让企业掌舵者把控经营全局
	创模式:23个行业创新案例 段传敏 著	23位行业精英的创新对话	创业者、转型者的实战参考
	企业良性成长:用顶层设计突破瓶颈 刘建兆 著	全方位介绍企业顶层设计的方法和思路	帮助企业用顶层设计突破成长瓶颈
	移动互联新玩法:未来商业的格局和趋势 史贤龙 著	传统商业、电商、移动互联,三个世界并存,这种新格局的玩法一定要懂	看清热点的本质,把握行业先机,一本书搞定移动互联网
	画出公司的互联网进化路线图:用互联网思维重塑产品、客户和价值 李蓓 著	18个问题帮助企业一步步梳理出互联网转型思路	思路清晰、案例丰富,非常有启发性
	重生战略:移动互联网和大数据时代的转型法则 沈拓 著	在移动互联网和大数据时代,传统企业转型如同生命体打算与再造,称之为"重生战略"	帮助企业认清移动互联网环境下的变化和应对之道
	创造增量市场:传统企业互联网转型之道 刘红明 著	传统企业需要用互联网思维去创造增量,而不是用电子商务去转移传统业务的存量	教你怎么在"互联网+"的海洋中创造实实在在的增量
	7个转变,让公司3年胜出 李蓓 著	消费者主权时代,企业该怎么办	这就是互联网思维,老板有能这样想,肯定倒不了
	跳出同质思维,从跟随到领先 郭剑 著	66个精彩案例剖析,帮助老板突破行业长期思维惯性	做企业竟然有这么多玩法,开眼界
	互联网+"变"与"不变":本土管理实践与创新论坛集萃·2016 本土管理实践与创新论坛 著	加速本土管理思想的孕育诞生,促进本土管理创新成果更好地服务企业、贡献社会	各个作者本年度最新思想,帮助读者拓宽眼界、突破思维
	消费升级:实践 研究(文集) 本土管理实践与创新论坛 著	38位管理专家及7位学者的精华思想,从经营、管理、行业及思想研究四个方面阐述中国企业在消费升级下的实践与研究	思想启发,行业借鉴
财务	写给企业家的公司与家庭财务规划——从创业成功到富足退休 周荣辉 著	本书以企业的发展周期为主线,写各阶段企业与企业主家庭的财务规划	为读者处理人生各阶段企业与家庭的财务问题提供建议及方法,让家庭成员真正享受财富带来的益处
	互联网时代的成本观 程翔 著	本书结合互联网时代提出了成本的多维观,揭示了多维组合成本的互联网精神和大数据特征,论述了其产生背景、实现思路和应用价值	在传统成本观下为盈利的业务,在新环境下也许就成为亏损业务。帮助管理者从新的角度来看待成本,进一步做好精益管理

续表

	书名·作者	内容/特色	读者价值
财务	财报背后的投资机会 蒋豹 著	以具体的公司案例分析,教你迅速看出财务报表与企业经营的关系、所反映的企业经营现状,从而找到投资机会	前四大会计所员工为读者解密财报,发现投资机会

管理类:效率如何提升,如何实现经营目标,如何"节流"

	书名·作者	内容/特色	读者价值
通用管理	让管理回归简单·升级版 宋新宇 著	从目标、组织、决策、授权、人才和老板自己层面教你怎样做管理	帮助管理抓住管理的要害,让管理变得简单
	让经营回归简单·升级版 宋新宇 著	从战略、客户、产品、员工、成长、经营者自身等七个方面,归纳总结出简单有效的经营法则	总结出的真正优秀企业的成功之道:简单
	让用人回归简单 宋新宇 著	从用人的原则、用人的难题与误区、用人的方法和用人者的修炼四大方面,总结出适合中小企业做好人才管理工作的法则	帮助管理者抓住用人的要害,让用人变得简单
	历史深处的管理智慧1:组织建设与用人之道 刘文瑞 著	对历史之典故、政事、人事、政制进行管理解析,鉴照企业人才的选用育留	推动理论与实践的对接,实现理性与情感的渗透,用中国话语说明管理智慧
	历史深处的管理智慧2:战略决策与经营运作 刘文瑞 著	对历史之典故、政事、人事、政制进行管理解析,鉴照企业战略设计与经营实践	推动理论与实践的对接,实现理性与情感的渗透,用中国话语说明管理智慧
	历史深处的管理智慧3:领导修炼与文化素养 刘文瑞 著	对历史之典故、政事、人事、政制进行管理解析,鉴照企业领导业职能力提升与文化修养	推动理论与实践的对接,实现理性与情感的渗透,用中国话语说明管理智慧
	管理的尺度 刘文瑞 著	对管理中的种种普遍性问题进行了批评	提高把握管理尺度的能力
	管理学在中国 刘文瑞 著	系统性介绍了管理学在中国的发展和演变	了解管理学在中国的发展脉络,更清晰理解管理学的本质
	看电影,懂管理 刘文瑞 著	16部经典电影,带你感悟管理智慧	能够帮助读者放松身心,驰骋想象,在不知不觉中增长智慧
	管理:以规则驾驭人性 王春强 著	详细解读企业规则的制定方法	从人与人博弈角度提升管理的有效性
	打造集成供应链:走出挂一漏十的改善困境 王春强 著	详解集成供应链全过程	帮助企业优化供应链管理
	用好骨干员工:关键人才培养与激励 王敏 著	系统化分享关键人才打造与激励方法	企业能实在用人的最大化价值
	改变世界的管理学大师1:管理学的前世今生 刘文瑞 编著	介绍了古典管理学时期的大师事迹和思想	深入了解管理大师们的思想和智慧
	成为企业欢迎的咨询师 张国祥 著	从调研到落地,手把手教你咨询流程	不走弯路,方便直接的学到老咨询师的套路
	员工心理学超级漫画版 邢雷 著	以漫画的形式深度剖析员工心理	帮助管理者更了解员工,从而更轻松地管理员工
	老板有想法,高层有干法:企业中的将帅之道 王清华 著	深入剖析老板与高管的异同	各司其职,各行其是,相辅相成
	分股合心:股权激励这样做 段磊 周剑 著	通过丰富的案例,详细介绍了股权激励的知识和实行方法	内容丰富全面、易读易懂,了解股权激励,有这一本就够了
	边干边学做老板 黄中强 著	创业20多年的老板,有经验、能写、又愿意分享,这样的书很少	处处共鸣,帮助中小企业老板少走弯路

续表

分类	书名/作者	内容简介	特色
通用管理	成为敏感而体贴的公司 王涛 著	本书为作者对企业的观察和冥想的随笔记录。从生活中的一个现象入手,进而探索现象背后的本质	从全新角度认识公司
	中国企业的觉醒:正直 善良 成长 王涛 著	围绕着企业人如何发生转化展开,对中国人、中国文化及由此导致的企业现状的观察和思考	企业除了要利润,还需要道德
	有意识的思考:轻松化解问题的7个思考习惯 王涛 著	本书是对思想、思考过程、思考方式进行的细致观察	养成好的思考习惯,更深刻地看问题
	中国式阿米巴落地实践之从交付到交易 胡八一 著	本书主要讲述阿米巴经营会计,"从交付到交易",这是成功实施了阿米巴的标志	阿米巴经营会计的工作是有逻辑关联的,一本书就能搞定
	中国式阿米巴落地实践之激活组织 胡八一 著	重点讲解如何科学划分阿米巴单元,阐述划分的实操要领、思路、方法、技术与工具	最大限度减少"推行风险"和"摸索成本",利于公司成功搭建适合自身的个性化阿米巴经营体系
	中国式阿米巴落地实践之持续盈利 胡八一 著	把企业做成平台,企业才能做大(格局);把平台做成阿米巴,企业才能做强(专业);把阿米巴做成合伙制,企业才能做久(机制)	中国式阿米巴落地实践三部曲的最后一部,告诉你企业如何做大做强做久
	集团化企业阿米巴实战案例 初勇钢 著	一家集团化企业阿米巴实施案例	指导集团化企业系统实施阿米巴
	阿米巴经营的中国模式 李志华 著	让员工从"要我干"到"我要干",价值量化出来	阿米巴在企业如何落地,明白思路了
	欧博心法:好管理靠修行 曾伟 著	用佛家的智慧,深刻剖析管理问题,见解独到	如果真的有'中国式管理',曾老师是其中标志性人物
	领导这样点燃你的下属 孟广桥 著	领导者如何才能让员工积极主动地工作?如何让你的员工和下属保持工作的热情,自动自发?看了这本书就知道	只要你希望手下的"兵将"永远充满工作的斗志,这本书将使你获益良多
流程管理	1. 用流程解放管理者 2. 用流程解放管理者2 张国祥 著	中小企业阅读的流程管理、企业规范化的书	通俗易懂,理论和实践的结合恰到好处
	跟我们学建流程体系 陈立云 著	畅销书《跟我们学做流程管理》系列,更实操,更极致,更深入	更多地分享实践,分享感悟,从实践总结出来的方法论
	人人都要懂流程 金国华 余雅丽 著	当前各企业流程管理方面最为典型的痛点现象及问题案例	通俗易懂,适合企业全员阅读
质量管理	IATF16949质量管理体系详解与案例文件汇编:TS16949转版 IATF16949:2016 谭洪华 著	针对IATF的新标准做了详细的解说,同时指出了一些推行中容易犯的错误,提供了大量的表单、案例	案例、表单丰富,拿来就用
	五大质量工具详解及运用案例:APQP/FMEA/PPAP/MSA/SPC 谭洪华 著	对制造业必备的五大质量工具中每个文件的制作要求、注意事项、制作流程、成功案例等进行了解读	通俗易懂、简便易行,能真正实现学以致用
	ISO9001:2015新版质量管理体系详解与案例文件汇编 谭洪华 著	紧密围绕2015年新版质量管理体系文件逐条详细解读,并提供可以直接套用的案例工具,易学易上手	企业质量管理认证、内审必备
	ISO14001:2015新版环境管理体系详解与案例文件汇编 谭洪华 著	紧密围绕2015年新版环境管理体系文件逐条详细解读,并提供可以直接套用的案例工具,易学易上手	企业环境管理认证、内审必备

续表

质量管理	ISO9001:2015 完整文件汇编：制造业 贺红喜 著	按照 ISO9001 标准并超出标准的要求，提供了一套完整的制造业的质量管理体系文件	原汁原味完整收入，直接可以拿来就用
	SA8000:2014 社会责任管理体系认证实战 吕 林 著	作者根据自己的操作经验，按认证的流程，以相关案例进行说明 SA8000 认证体系	简单，实操性强，拿来就能用
	精益质量管理实战工具 贺小林 著	制造类企业日常工作中所需要的精益管理工具的归纳整理，并进行案例操作的细致分析	可以直接参考，实际解决生产中的具体问题
战略落地	重生——中国企业的战略转型 施 炜 著	从前瞻和适用的角度，对中国企业战略转型的方向、路径及策略性举措提出了一些概要性的建议和意见	对企业有战略指导意义
	公司大了怎么管：从靠英雄到靠组织 AMT 金国华 著	第一次详尽阐释中国快速成长型企业的特点、问题及解决之道	帮助快速成长型企业领导及管理团队理清思路，突破瓶颈
	低效会议怎么改：每年节省一半会议成本的秘密 AMT 王玉荣 著	教你如何系统规划公司的各级会议，一本工具书	教会你科学管理会议的办法
	年初订计划，年尾有结果：战略落地七步成诗 AMT 郭晓 著	7 个步骤教会你怎么让公司制定的战略转变为行动	系统规划，有效指导计划实现
人力资源	HRBP 是这样炼成的之"菜鸟起飞" 新 海 著	以小说的形式，具体解析 HRBP 的职责，应该如何操作，如何为业务服务	实践者的经验分享，内容实务具体，形式有趣
	HRBP 是这样炼成的之中级修炼 新 海 著	本书以案例故事的方式，介绍了 HRBP 在实际工作中碰到的问题和挑战	书中的 HR 解决方案讲究因时因地制宜、简单有效的原则，重在启发读者思路，可供各类企业 HRBP 借鉴
	HRBP 是这样炼成的之高级修炼 新 海 著	以故事的形式，展现了 HRBP 工作者在职业发展路上的层层深入和递进	为读者提供 HRBP 在实际工作中遇到种种问题的解决方案
	新任 HR 高管如何从 0 到 1 黄渊明 著	全景式展现新任高管华丽转身全过程	助力新任高管安全着陆
	HR 的劳动法内参 李皓楠 著	100 个劳动法案例和分析	轻松掌握劳动法知识，方便运用
	把面试做到极致：首席面试官的人才甄选法 孟广桥 著	作者用自己几十年的人力资源经验总结出的一套实用的确定岗位招聘标准、提升面试官技能素质的简便方法	面试官必备，没有空泛理论，只有巧妙的实操技能
	人力资源体系与 e-HR 信息化建设 刘书生 陈 莹 王美佳 著	将作者经历的人力资源管理变革、人力资源管理信息化咨询项目方法论、工具和成果全面展现给读者，使大家能够将其快速应用到管理实践中	系统性非常强，没有废话，全部是浓缩的干货
	回归本源看绩效 孙 波 著	让绩效回顾"改进工具"的本源，真正为企业所用	确实是来源于实践的思考，有共鸣
	世界 500 强资深培训经理人教你做培训管理 陈 锐 著	从 7 大角度具体细致地讲解了培训管理的核心内容	专业、实用、接地气

续表

分类	书名/作者	内容简介	推荐语
人力资源	曹子祥教你做激励性薪酬设计 曹子祥 著	以激励性为指导，系统性地介绍了薪酬体系及关键岗位的薪酬设计模式	深入浅出，一本书学会薪酬设计
	曹子祥教你做绩效管理 曹子祥 著	复杂的理论通俗化，专业的知识简单化，企业绩效管理共性问题的解决方案	轻松掌握绩效管理
	把招聘做到极致 远鸣 著	作为世界500强高级招聘经理，作者数十年招聘经验的总结分享	带来职场思考境界的提升和具体招聘方法的学习
	人才评价中心·超级漫画版 邢雷 著	专业的主题，漫画的形式，只此一本	没想到一本专业的书，能写成这效果
	走出薪酬管理误区 全怀周 著	剖析薪酬管理的8大误区，真正发挥好枢纽作用	值得企业深读的实用教案
	集团化人力资源管理实践 李小勇 著	对搭建集团化的企业很有帮助，务实，实用	最大的亮点不是理论，而是结合实际的深入剖析
	我的人力资源咨询笔记 张伟 著	管理咨询师的视角，思考企业的HR管理	通过咨询师的眼睛对比很多企业，有启发
	本土化人力资源管理8大思维 周剑 著	成熟HR理论，在本土中小企业实践中的探索和思考	对企业的现实困境有真切体会，有启发
企业文化	36个拿来就用的企业文化建设工具 海融心胜 主编	数十个工具，为了方便拿来就用，每一个工具都严格按照工具属性、操作方法、案例解读划分，实用、好用	企业文化工作者的案头必备书，方法都在里面，简单易操作
	企业文化建设超级漫画版 邢雷 著	以漫画的形式系统教你企业文化建设方法	轻松易懂好操作
	华夏基石方法：企业文化落地本土实践 王祥伍 谭俊峰 著	十年积累、原创方法、一线资料，和盘托出	在文化落地方面真正有洞察，有实操价值的书
	企业文化的逻辑 王祥伍 著	为什么企业之间如此不同，解开绩效背后的文化密码	少有的深刻，有品质，读起来很流畅
	企业文化激活沟通 宋柠宸 安琪 著	透过新任HR总经理的眼睛，揭示出沟通与企业文化的关系	有实际指导作用的文化落地读本
	在组织中绽放自我：从专业化到职业化 朱仁健 王祥伍 著	个人如何融入组织，组织如何助力个人成长	帮助企业员工快速认同并投入到组织中去，为企业发展贡献力量
	企业文化定位·落地一本通 王明胤 著	把高深枯燥的专业理论创建成一套系统化、实操化、简单化的企业文化缔造方法	对企业文化不了解，不会做？有这一本从概念到实操，就够了
生产管理	精益思维：中国精益如何落地 刘承元 著	笔者二十余年企业经营和咨询管理的经验总结	中国企业需要灵活运用精益思维，推动经营要素与管理机制的有机结合，推动企业管理向前发展
	300张现场图看懂精益5S管理 乐涛 编著	5S现场实操详解	案例图解，易懂易学
	高员工流失率下的精益生产 余伟辉 著	中国的精益生产必须面对和解决高员工流失率问题	确实来源于本土的工厂车间，很务实
	车间人员管理那些事儿 岑立聪 著	车间人员管理中处理各种"疑难杂症"的经验和方法	基层车间管理者最闹心、头疼的事，'打包'解决

续表

	书名	内容简介	推荐语
生产管理	1. 欧博心法:好管理靠修行 2. 欧博心法:好工厂这样管 曾　伟　著	他是本土最大的制造业管理咨询机构创始人,他从400多个项目、上万家企业实践中锤炼出的欧博心法	中小制造型企业,一定会有很强的共鸣
	欧博工厂案例1:生产计划管控对话录 欧博工厂案例2:品质技术改善对话录 欧博工厂案例3:员工执行力提升对话录 曾　伟　著	最典型的问题、最详尽的解析,工厂管理9大问题27个经典案例	没想到说得这么细,超出想象,案例很典型,照搬都可以了
	工厂管理实战工具 欧博企管　编著	以传统文化为核心的管理工具	适合中国工厂
	苦中得乐:管理者的第一堂必修课 曾　伟　编著	曾伟与师傅大愿法师的对话,佛学与管理实践的碰撞,管理禅的修行之道	用佛学最高智慧看透管理
	比日本工厂更高效1:管理提升无极限 刘承元　著	指出制造型企业管理的六大积弊;颠覆流行的错误认知;掌握精益管理的精髓	每一个企业都有自己不同的问题,管理没有一剑封喉的秘笈,要从现场、现物、现实出发
	比日本工厂更高效2:超强经营力 刘承元　著	企业要获得持续盈利,就要开源和节流,即实现销售最大化,费用最小化	掌握提升工厂效率的全新方法
	比日本工厂更高效3:精益改善力的成功实践 刘承元　著	工厂全面改善系统有其独特的目的取向特征,着眼于企业经营体质(持续竞争力)的建设与提升	用持续改善力来飞速提升工厂的效率,高效率能够带来意想不到的高效益
	3A顾问精益实践1:IE与效率提升 党新民　苏迎斌　蓝旭日　著	系统的阐述了IE技术的来龙去脉以及操作方法	使员工与企业持续获利
	3A顾问精益实践2:JIT与精益改善 肖志军　党新民　著	只在需要的时候,按需要的量,生产所需的产品	提升工厂效率
	化工企业工艺安全管理实操 黄　娜　编著	化工企业工艺安全管理全指导	帮助企业树立安全意识,强化安全管理方法
	手把手教你做专业的生产经理 黄　娜　著	物流、信息流、资金流,让生产经理管理有抓手	从菜鸟到能把控全局
员工素质提升	TTT培训师精进三部曲(上):深度改善现场培训效果 廖信琳　著	现场把控不用慌,这里有妙招一用就灵	课程现场无论遇到什么样的情况都能游刃有余
	TTT培训师精进三部曲(中):构建最有价值的课程内容 廖信琳　著	这样做课程内容,学员有收获培训师也有收获	优质的课程内容是树立个人品牌的保证
	TTT培训师精进三部曲(下):职业功力沉淀与修为提升 廖信琳　著	从内而外提升自己,职业的道路一帆风顺	走上职业TTT内训师的康庄大道
	培训师,如何让你的事业长青:自我管理的10项法则 廖信琳　著	建立了一套完整的培训师自我管理体系,为培训师的职业成长与发展提供有益的指引	培训师如何在自己的职业道路上越走越高,事业长青,一直有所收获与成长?本书将给你答案
	管理咨询师的第一本书:百万年薪　千万身价 熊亚柱　著	从问题出发,发现问题、分析问题、解决问题,让两眼一抹黑的新人快速成长	管理咨询师初入职场,让这本书开启百万年薪之路

续表

	书名·作者	内容/特色	读者价值
员工素质提升	手把手教你做专业督导：专卖店、连锁店 熊亚柱 著	从督导的职能、作用，在工作中需要的专业技能、方法，都提供了详细的解读和训练办法，同时附有大量的表单工具	无论是店铺需要统一培训，还是个人想成为优秀的督导，有这一本就够了
	跟老板"偷师"学创业 吴江萍 余晓雷 著	边学边干，边观察边成长，你也可以当老板	不同于其他类型的创业书，让你在工作中积累创业经验，一举成功
	销售轨迹：一位快消品营销总监的拼搏之路 秦国伟 著	本书讲述了一个普通销售员打拼成为跨国企业营销总监的真实奋斗历程	激励人心，给广大销售员以力量和鼓舞
	在组织中绽放自我：从专业化到职业化 朱仁健 王祥伍 著	个人如何融入组织，组织如何助力个人成长	帮助企业员工快速认同并投入到组织中去，为企业发展贡献力量
	企业员工弟子规：用心做小事，成就大事业 贾同领 著	从传统文化《弟子规》中学习企业中为人处事的办法，从自身做起	点滴小事，修养自身，从自身的改善得到事业的提升
	手把手教你做顶尖企业内训师：TTT培训师宝典 熊亚柱 著	从课程研发到现场把控、个人提升都有涉及，易读易懂，内容丰富全面	想要做企业内训师的员工有福了，本书教你如何抓住关键，从入门到精通
	28天速成文案高手 秦 士 安 丽 著	解构优秀品牌和出彩文案背后的逻辑，28天循序渐进成为文案高手	让优质文案变成"智慧工厂"般的工序管理与稳定出品
	让投诉顾客满意离开：客户投诉应对与管理 孟广桥 著	立足于投诉处理的实践，剖析了不同投诉者投诉的特点和应对措施，并提供各种技巧方法、赢得客户信赖所需培养的品质修炼、处理投诉应掌握的法律法规等工具	是投诉处理人员适应岗位职能需要、提升工作技能的良师益友，是企业变诉为金、培养业务骨干的法宝
营销类：把客户需求融入企业各环节，提供"客户认为"有价值的东西			
	书名·作者	内容/特色	读者价值
营销模式	精品营销战略 杜建君 著	以精品理念为核心的精益战略和营销策略	用精品思维赢得高端市场
	变局下的营销模式升级 程绍珊 叶宁 著	客户驱动模式、技术驱动模式、资源驱动模式	很多行业的营销模式被颠覆，调整的思路有了！
	动销操盘：节奏掌控与社群时代新战法 朱志明 著	在社群时代把握好产品生产销售的节奏，解析动销的症结，寻找动销的规律与方法	都是易读易懂的干货！对动销方法的全面解析和操盘
	弱势品牌如何做营销 李政权 著	中小企业虽有品牌但没名气，营销照样能做的有声有色	没有丰富的实操经验，写不出这么具体、详实的案例和步骤，很有启发
	老板如何管营销 史贤龙 著	高段位营销16招，好学好用	老板能看，营销人也能看
	洞察人性的营销战术：沈坤教你28式 沈 坤 著	28个匪夷所思的营销怪招令人拍案叫绝，涉及商业竞争的方方面面，大部分战术可以直接应用到企业营销中	各种谋略得益于作者的横向思维方式，将其操作过的案例结合其中，提供的战术对读者有参考价值
	动销：产品是如何畅销起来的 吴江萍 余晓雷 著	真真切切告诉你，产品究竟怎么才能卖出去	击中痛点，提供方法，你值得拥有
	1000铁杆女粉丝 张兵武 著	连接是女性与生俱来的特质。能善用连接的营销人员，就像拿到打开女性荷包的钥匙	重新认识女性的传播力量
	360°谈营销：一位营销咨询师20年实战洞察 王清华 古怀亮 著	各个角度，全方位，多视点剖营销	思路单一，此书帮你破

续表

分类	书名/作者	内容简介	推荐理由
营销模式	营销按钮:扣动一触即发的力量 老苗 著	提供各种奇形怪状的营销武器	一定会带给你不一样的思维震撼
	孙子兵法营销战 刘文新 著	逐句解读孙子兵法,以及在营销方面的感悟	帮助营销人用智慧打营销仗
销售	资深大客户经理:策略准,执行狠 叶敦明 著	从业务开发、发起攻势、关系培育、职业成长四个方面,详述了大客户营销的精髓	满满的全是干货
	大客户销售这样说这样做 陆和平 著	大客户销售十大模块68个典型销售场景应对策略和话术,直接拿来就用	从"为什么要这么干"到"干什么、怎么干"
	成为资深的销售经理:B2B、工业品 陆和平 著	围绕"销售管理的六个关键控制点"——展开,提供销售管理的专业、高效方法	方法和技术接地气,拿来就用,从销售员成长为经理不再犯难
	销售是门专业活:B2B、工业品 陆和平 著	销售流程就应该跟着客户的采购流程和关注点的变化向前推进,将一个完整的销售过程分成十个阶段,提供具体方法	销售不是请客吃饭拉关系,是个专业的活计!方法在手,走遍天下不愁
	向高层销售:与决策者有效打交道 贺兵一 著	一套完整有效的销售策略	有工具,有方法,有案例,通俗易懂
	学话术 卖产品 张小虎 著	分析常见的顾客异议,将优秀的话术模块化	让普通导购员也能成为销售精英
组织和团队	升级你的营销组织 程绍珊 吴越舟 著	用"有机性"的营销组织替代"营销能人",营销团队变成"铁营盘"	营销队伍最难管,程老师不愧是营销第1操盘手,步骤方法都很成熟
	用数字解放营销人 黄润霖 著	通过量化帮助营销人员提高工作效率	作者很用心,很好的常备工具书
	成为优秀的快消品区域经理(升级版) 伯建新 著	用"怎么办"分析区域经理的工作关键点,增加30%全新内容,更贴近环境变化	可以作为区域经理的"速成催化器"
	成为资深的销售经理:B2B、工业品 陆和平 著	围绕"销售管理的六个关键控制点"——展开,提供销售管理的专业、高效方法	方法和技术接地气,拿来就用,从销售员成长为经理不再犯难
	一位销售经理的工作心得 蒋军 著	一线营销管理人员想提升业绩却无从下手时,可以看看这本书	一线的真实感悟
	快消品营销:一位销售经理的工作心得2 蒋军 著	快消品、食品饮料营销的经验之谈,重点突出	来源于实战的精华总结
	销售轨迹:一位快消品营销总监的拼搏之路 秦国伟 著	本书讲述了一个普通销售员打拼成为跨国企业营销总监的真实奋斗历程	激励人心,给广大销售员以力量和鼓舞
	用营销计划锁定胜局:用数字解放营销人2 黄润霖 著	全方位教你怎么做好营销计划,好学好用真简单	照搬套用就行,做营销计划再也不头痛
	快消品营销人的第一本书:从入门到精通 刘雷 伯建新 著	快消行业必读书,从入门到专业	深入细致,易学易懂
产品	产品开发管理方法·流程·工具:从作坊式到规范化 任彭枞 著	产品研发管理体系全指导	既有工具,又能开拓思路
	新产品开发管理,就用IPD(升级版) 郭富才 著	10年IPD研发管理咨询总结,国内首部IPD专业著作	一本书掌握IPD管理精髓